A SUTIL ARTE DE ATRAIR

LUCAS SCUDELER

A SUTIL ARTE DE ATRAIR

Trend é um selo exclusivo do Grupo Ciranda Cultural
© 2024 Ciranda Cultural Editora e Distribuidora Ltda.

Texto
© Lucas Scudeler

Editora
Nayra Ribeiro

Preparação
Eliel Cunha

Revisão
Mônica Glasser

Produção editorial
Ciranda Cultural

Projeto gráfico e diagramação
Linea Editora

Design de capa
Ana Dobón

Imagens
Siarhei Tolak/shutterstock.com

Dados Internacionais de Catalogação na Publicação (CIP) de acordo com ISBD

S436s	Scudeler, Lucas
	A sutil arte de atrair / Lucas Scudeler. - Jandira, SP : Trend, 2024. 194 p. ; 15,50cm x 22,60cm.
	ISBN: 978-65-83187-22-2
	1. Autoajuda. 2. Relacionamento. 3. Amor. 4. Casamento. I. Título.
2024-2109	CDD 158.1 CDU 159.92

Elaborada por Lucio Feitosa - CRB-8/8803

Índice para catálogo sistemático:
1. Autoajuda : 158.1
2. Autoajuda : 159.92

1ª edição em 2024
www.cirandacultural.com.br
Todos os direitos reservados.
Nenhuma parte desta publicação pode ser reproduzida, arquivada em sistema de busca ou transmitida por qualquer meio, seja ele eletrônico, fotocópia, gravação ou outros, sem prévia autorização do detentor dos direitos, e não pode circular encadernada ou encapada de maneira distinta daquela em que foi publicada, ou sem que as mesmas condições sejam impostas aos compradores subsequentes.

Agradecimentos

Agradeço primeiramente a Deus por me proporcionar vitalidade, inspiração e conhecimento para compartilhar algo que na última década tem ajudado pessoas a se conscientizar mais em seus relacionamentos e a reestruturar um projeto de família à luz da vontade de Deus. Agradeço também a minha família, em especial a minha esposa, Luciana, que dá suporte para todos os meus empreendimentos diários e atividades profissionais; sem ela não poderia ter realizado esta obra, e a minha filha, que me inspira a ser um ser humano melhor todos os dias, com sua inocência. Aos meus sócios, que compartilham o peso do trabalho e cooperam como irmãos em cada frente de batalha. Aos colaboradores, que dedicam a vida para construir um sonho em conjunto. Aos amigos próximos e distantes, que torcem às vezes em silêncio pelo sucesso dos projetos. E a todos os alunos que confiaram seu tempo e sua vida à prática dos conhecimentos compartilhados com a intenção de os transformar em sabedoria e talvez propagá-los para seus próximos.

GLORIA IN EXCELSIS DEO

PARTE 1	Introdução	9
CAPÍTULO 1	A sutil arte de atrair ou SAA	13
CAPÍTULO 2	O poder da atração	23
CAPÍTULO 3	Olhar para dentro e para cima, olhar para fora e para baixo	47
PARTE 2	As técnicas	77
CAPÍTULO 4	No dia a dia	81
CAPÍTULO 5	O flerte a distância	97
CAPÍTULO 6	Em conversas ao vivo	109
CAPÍTULO 7	Nos aplicativos e nas redes sociais	123
CAPÍTULO 8	No trabalho	137
CAPÍTULO 9	Na academia	149
CAPÍTULO 10	"Enrolada" ou "ficando" com alguém	161
CAPÍTULO 11	Namorando, noivando ou casada	177
PARTE 3	Além da sutil arte de atrair	197
CAPÍTULO 12	O homem frouxo	199
CAPÍTULO 13	Os cinco níveis de maturidade em relacionamentos	213
CAPÍTULO 14	O caminho da matriarca	225
CAPÍTULO 15	O quebra-cabeça	235

PARTE 1

INTRODUÇÃO

Como funcionam a mente masculina e a feminina? Esta é uma pergunta que tanto homens quanto mulheres se fazem – e também uns aos outros – sobre esses dois universos tão distintos, porém extremamente complementares.

Entender as nuances da mente feminina e da masculina pode nos ajudar a apreciar e respeitar as diferenças entre os gêneros. Embora seja importante lembrar que cada indivíduo é único e complexo, existem algumas tendências gerais que podem ser observadas.

A mente feminina é descrita, muitas vezes, como mais intuitiva e emocional. Mulheres tendem a valorizar a conexão emocional, a empatia e a comunicação interpessoal. Têm habilidade natural para compreender sinais não verbais e frequentemente são mais receptivas às emoções dos outros. Isso pode influenciar o modo como abordam relacionamentos e a resolução de problemas, buscando colaboração e compartilhamento de sentimentos.

Já a mente masculina tende a ser mais orientada à ação e à resolução de problemas. Homens, em geral, valorizam a independência, a competição e a realização de objetivos. Podem ser mais focados em encontrar soluções práticas para os desafios e em alcançar metas específicas, e isso pode influenciar o modo como se comunicam, geralmente sendo mais diretos e objetivos nas interações.

No entanto, é importante reconhecer que essas generalizações não se aplicam a todos, e há ampla diversidade em cada gênero. Além disso, influências culturais, sociais e individuais desempenham papel significativo na formação da mente de uma pessoa.

O entendimento das diferenças entre a mente feminina e a masculina pode promover uma comunicação mais eficaz e relações mais harmoniosas. Em vez de vermos essas diferenças como obstáculos, podemos abraçá-las como oportunidades para aprendermos e crescermos juntos, celebrando a riqueza de sermos diferentes, de pensarmos de maneira distinta e, ao mesmo tempo, de sermos tão complementares uns aos outros.

O objetivo deste livro é levar a compreensão das linguagens matriarcal e patriarcal a todos. Portanto, o conhecimento sobre a essência masculina e feminina é fundamental para destravar muitos outros aspectos do relacionamento interpessoal. É o assunto-mestre, o que nos leva à compreensão de como somos, de como vivemos e de como podemos ser melhores a cada dia.

LUCAS SCUDELER

CAPÍTULO 1

A SUTIL ARTE DE ATRAIR OU SAA

Você pode estar se perguntando: este livro é para quem é casada, está enrolada, namorando ou apenas ficando? A resposta é um enorme "sim" para todas as opções, pois conhecer as técnicas da sutil arte de atrair (ou SAA) em um relacionamento é essencial para construir uma parceria amorosa e duradoura.

Este livro oferece um conjunto de técnicas matriarcais que, ao longo da história, as mulheres mais sábias descobriram que funcionava na prática para atrair a atenção masculina – e não só atraí-la, mas retê-la. Por isso, é importantíssimo para quem está casada, enrolada, namorando ou apenas ficando.

Em tempos idos, conseguir um parceiro leal, casar-se e manter o protetor e provedor próximo era questão de sobrevivência feminina.

Era determinante que as mulheres soubessem atrair a atenção masculina, e essa tradição foi sendo repassada oralmente ao longo dos séculos.

As técnicas que serão apresentadas aqui foram bastante deturpadas por muito tempo, mas este livro vai trazer a essência verdadeira das artes matriarcais de atrair.

Atualmente, como a mulher é independente e garante o próprio sustento (diferentemente do passado, quando, para se manter, o "sexo frágil" precisava de um parceiro do sexo masculino, por causa da força muscular), a urgência de usar técnicas matriarcais para atrair a atenção masculina deixou de ser necessária à sobrevivência, e isso diminuiu a necessidade das mulheres de querer reter um homem ao seu lado.

No entanto, manter a pessoa que se ama em um relacionamento agradável, feliz e duradouro é tudo o que todos querem e de que precisam, tanto mulheres quanto homens.

Existem quatro maneiras de você aprender as técnicas matriarcais da SAA:

1. Aprender com matriarcas, as quais, atualmente, são poucas e raras. De cada vinte matriarcas, apenas uma é matriarca que domina e sabe comunicar essas técnicas. Apenas 20% das pessoas têm perfil comunicativo e domínio de oratória.
2. Aprender por intermédio de um patriarca, que vai ensinar como os homens pensam, mas ele é tão raro quanto as matriarcas.
3. Tentativa e erro. Se a mulher for muito observadora e analítica, precisa ter capacidade de autodidatismo para aprender. Ela aprenderá interagindo com homens por meio de tentativa e erro. Esse aprendizado pode levar anos, o que significa que, no final, aos quarenta, cinquenta, sessenta ou setenta anos, ela entendeu a maneira como os homens pensam e como são. Isso não quer dizer, no entanto,

que teve sucesso nos relacionamentos, mas apenas que aprendeu as técnicas da sutil arte de atrair. Contudo, é preciso ter em mente que, em geral, aprendemos por meio dos erros e também que, quando a mulher aprende as técnicas, não tem mais vitalidade nem vontade de se relacionar, porque já é idosa.

4. Aprender da maneira mais efetiva, principalmente no século XXI, que é estudando os relacionamentos cientificamente. Quase ninguém fala: "Preciso estudar relacionamentos". Como sou professor de relacionamentos, disponho-me a oferecer embasamento científico para que você tenha resultado em seus objetivos, com argumentação mais estruturada e lógica.

O que caracteriza um patriarca e uma matriarca é a capacidade de saber o que é o amor. Somente quando amamos de verdade conseguimos entender o outro como ele é. A energia do amor é a ponte que conecta você ao outro. Se não existe amor, o que você vê no outro é seu próprio reflexo, não o outro. Uma matriarca então é uma mulher com um alto nível de sofisticação na sua feminilidade e também com um alto domínio da energia da masculinidade. O patriarca é o seu análogo masculino. Uma matriarca só é verdadeiramente compatível com um patriarca e vice-versa.

Esses ensinamentos são muito raros e de difícil acesso. Tornar-se patriarca ou matriarca é uma jornada e um compromisso de uma vida inteira, e isso pode ser agilizado quando se aprende com um patriarca ou com uma matriarca qual é o caminho.

Minha proposta neste livro é ensinar a você esse caminho, que não é difícil de aprender, mas exige dedicação.

A base disciplinar ou científica das técnicas da SAA foi criada na ancestralidade, nos relacionamentos entre homens e mulheres, e isso se consolidou como efetivo. As mulheres que desenvolveram essas técnicas constituíram família e tiveram filhos, que cresceram e constituíram outras famílias, e assim por diante, dando origem às futuras gerações. Havia muitas tradições matriarcais passadas de mãe para filha, de avó para neta, por meio das quais essas sábias mulheres ensinavam os segredos para aprender a reter a atenção de um homem, porque, na época, como dito anteriormente, isso era questão de sobrevivência. Hoje, essa questão se desfez, mas ainda funciona como gatilho de atração, de prender a atenção masculina. A diferença do mundo antigo para o moderno é que atualmente as mulheres não precisam dos patriarcas, mas a maioria delas quer tê-los ao seu lado – honrados, protetores, provedores, gentis, vigorosos e severos, quando necessário, e que transmitam segurança.

A base lógica para essas técnicas provém de quatro disciplinas, sendo a primeira e principal delas a psicologia, com a análise de Jung (1875-1961) do inconsciente coletivo e a de Freud (1856-1939) do inconsciente individual.

A segunda é a filosofia clássica, que traz termos e entendimento sobre o caminho da virtude, porque o patriarca e a matriarca são seres humanos virtuosos. O que predestina você a se tornar patriarca ou matriarca é a decisão de se tornar um.

A terceira é a teologia ecumênica ou alquímica, que compreende princípios que estão além da religião. É a visão do que está além da outra margem; é a metarreligião. A espiritualidade é o estado de ligação, de comunhão, e isso significa que estou em Deus, e Deus está em mim. A religião é a prática ritualística para chegar à espiritualidade.

A quarta e última é a neurociência, que se dedica ao estudo do sistema nervoso e do cérebro em si. Trata-se da ciência da neuroquímica, que só confirmou, em termos científicos, tudo que sempre foi feito no mundo antigo e deu resultado. É a compreensão dos hábitos, dos comportamentos e da neuroquímica do nosso corpo.

As técnicas apresentadas neste livro são totalmente embasadas em metodologia científica e garimpadas ao longo de décadas de estudo. Foi observado que funcionam e garantem o conhecimento do comportamento para atrair a atenção masculina, sem ser vulgares.

Para os homens, o benefício é perceber, de maneira consciente, quando uma mulher está utilizando essas técnicas. Porque mulheres que entendem de técnicas matriarcais claramente têm nível de maturidade superior, elas são diferenciadas.

Ao fazer uso das técnicas matriarcais, a mulher estará no comando, apesar de o homem tomar a iniciativa. A mulher alcança essa liderança por meio da vulnerabilidade, que é o poder da feminilidade. Existe grande poder no intercâmbio da vulnerabilidade.

De que modo essas técnicas funcionam? Basicamente, a masculinidade é feita da essência da fúria, e a feminilidade, da essência da sensibilidade. Quando essas características são realçadas na interação do masculino com o feminino, o homem se sente mais masculino, e a mulher, mais feminina. A mulher aumenta a fúria do homem, e o homem aumenta a sensibilidade da mulher. Quando a matriarca, ou mulher magnética, ativa essa energia feminina, abre espaço para o homem ser masculino. A sutil arte de atrair é sobre isso – como ativar o instinto de caça masculino. E não serve apenas para mulheres; destina-se a ambos, homens e mulheres, porque também é importante que os homens compreendam que precisam estar com o instinto de caça ativo, no masculino, para ter um relacionamento satisfatório e fazê-lo "dar certo". Esses não são segredos femininos.

O homem patriarca não quer perder o território que conquista. A energia masculina tem aversão à perda, por isso é muito mais difícil um homem perdoar a traição de uma mulher que uma mulher perdoar a traição de um homem. Por essa razão, homens têm aversão a mulheres vulgares e evitam, a todo custo, compromisso com elas; não confiam nelas para serem "território" deles; intimamente, eles as veem como território compartilhado com outros homens, e o único modo de contornarem a situação é se "afeminando" e abrindo mão do instinto territorial. O homem patriarca masculino não vai aceitar isso. O homem que perdoa a traição tende a estar no feminino. O homem imaturo perdoa a traição porque não se considera homem suficiente para manter a mulher. O homem adulto, furioso, tende a não perdoar. Quanto mais o homem investe, menor é a chance de ele desistir e mais atraente a caça se torna. A mulher que consegue ativar o instinto de caça e de territorialidade no pretendente é a mulher magnética, ou matriarca. Ela consegue tudo com os homens por meio de um estado consciente de inocência astuta, que atrai o homem para si. Isso consta no livro de Mateus, 10:16, em que Jesus cita: "Eu os envio como ovelhas no meio de lobos. Portanto, sejam prudentes como as serpentes e inocentes como as pombas". É o que recomendo à matriarca para ativar o instinto de caça e de territorialidade no patriarca.

    Um erro grave na SAA é se desviar do caminho e focar na sedução, na sexualização, em vulgaridades, na manipulação, no controle e em todo tipo de emoções negativas. Não há nada que afaste um homem mais rápido que uma explosão emocional feminina, e sabemos que as emoções femininas mudam de acordo com a Lua, pois é da natureza da mulher. O homem não consegue lidar com isso, e, por essa razão, a matriarca tem uma virtude, que é a tranquilidade. Quando estiver bem, ela vai se socializar; quando estiver turbulenta, ela se voltará para dentro de si, praticará o retiro espiritual, para não despejar nas pessoas ao redor as emoções que vieram para ser purificadas, porque a fase da tensão pré-menstrual (TPM) e da menstruação em si nada mais é que um momento de purificação dela para que consiga se conectar com o Sagrado com mais facilidade. Quando uma matriarca demonstra essa tranquilidade, o que ela ativa no parceiro é instinto de proteção.

Outro grande erro é deixar turbulências emocionais desconstruírem todo o processo de atração que você criou. Se quando está turbulenta você pratica o retiro e se volta a Deus, vai resolver suas emoções com Ele. As matriarcas colocam Deus em primeiro lugar; elas mesmas, em segundo; e o cônjuge, quando é o marido, em terceiro. Mulheres não matriarcas idolatram o parceiro como o salvador da pátria e despejam nele todas as emoções negativas, para que ele as resolva. A questão é que ele nem tem esse poder! Não há nada que afaste o homem mais rápido que a turbulência emocional feminina. E a matriarca sabe disso; ela reconhece a verdade e sabe que o parceiro não vai resolver suas emoções negativas. Isso cria uma aura de tranquilidade no relacionamento, e o homem percebe a mulher como serena. Homens apreciam estar perto de mulheres serenas.

OS TRÊS PRINCÍPIOS BÁSICOS DA SAA

São três os princípios básicos da sutil arte de atrair:

PRINCÍPIO 1   Socializar – a mulher deve controlar o instinto de ter que socializar. Ninguém precisa saber o que está acontecendo em sua vida amorosa e afetiva.

PRINCÍPIO 2   Reciprocidade Afetiva – é a base de todas as técnicas. A mulher só dá afeto ao homem no mesmo nível de atenção que recebe dele.

PRINCÍPIO 3   Ilusão da Princesa – parar de gostar de gostar de alguém.

Quando a mulher consegue controlar esses três instintos femininos e ativa a sensibilidade feminina, refinando-a dia após dia, torna-se magnética e caminha para o estado matriarcal.

O que diferencia a matriarca das outras mulheres é que, além de ser magnética, de ter uma rotina sagrada e de autocuidado, ela entende a mente dos homens.

Como dito anteriormente, a SAA ensina técnicas matriarcais para atrair a atenção masculina sem ser vulgar. Ela é importante porque é uma arte – é subjetiva, interpretativa, um processo artístico de sensibilidade, e as artes, na maioria das vezes, são femininas. É sutil porque ninguém a percebe, exceto você e o pretendente-alvo, e usa o poder da atração, não a força da sedução. A atração é o oposto espiritual da sedução. A sedução é uma força horizontal, manipulativa e material. Por exemplo, uso do ponto fraco do pretendente para atrair a atenção dele, objetificando-me.

Há mais de setenta anos, não existiam anticoncepcionais, e uma mulher em idade fértil tinha de ter cautela com o tipo de homem com o qual se relacionava, porque, do contrário, poderia engravidar, e se isso acontecesse ela ficaria em estado de vulnerabilidade social caso o indivíduo fosse covarde e a abandonasse, como acontece muito atualmente (comportamento imaturo do homem). Para fins de autopreservação, as técnicas de atração femininas eram muito valorizadas; porém, com o advento da pílula anticoncepcional, que, de certa maneira, blindou as mulheres do risco de gravidez, gerou-se um efeito psicológico, e as mulheres começaram a não aprender sobre como os homens funcionam.

Ao retomarmos essas técnicas ancestrais de atração e retenção da atenção masculina, a mulher vai conseguir, mesmo com todas as intervenções científicas, reter a atenção do homem, fazer que ele se apaixone e fique ao lado dela ao longo de toda a vida.

A sutil arte de atrair

Essas técnicas não são convencionais; elas têm, também, amparo biológico. Como dito inúmeras vezes, no passado, a retenção da atenção masculina era questão de sobrevivência; hoje, é questão de querer; é questão de escolha.

Todo esse aprofundamento inicial significa, em essência, que esses ensinamentos ancestrais são raros e de difícil acesso. Meu trabalho como professor é tentar facilitar ao máximo esse acesso, mas há limite nessa facilitação. Não dá para facilitar comprometendo a verdade. Tenho de compartilhar a verdade com você, e tentarei fazê-lo da maneira mais fácil e didática possível, para que todo o conteúdo exposto seja absorvido no seu coração e se torne a essência de quem você é.

CAPÍTULO 2

O PODER DA ATRAÇÃO

Vou explicar o poder da atração dentro das quatro disciplinas que utilizo normalmente para levar os conhecimentos a você, sobretudo pelo viés da análise junguiana. Chamo de SAA, ou a sutil arte de atrair, a sequência de técnicas matriarcais de atração que ensino.

A SAA não serve somente para solteiros, mas também para quem já está vivendo um relacionamento, ou seja, você pode estar casada, namorando ou noivando também. Para o solteiro, a SAA terá mais aplicabilidade, mas as técnicas também servem para casais. Quando falamos da fase de solteiro, a ênfase da SAA recai nas mulheres; no entanto, no contexto do casamento, do namoro, do noivado e do matrimônio longos, a SAA pode ser empregada por ambos os cônjuges, porque, quando bem utilizada, gera excelentes frutos. Vale lembrar, também, que o caminho do patriarca passa pelo domínio da energia feminina. O poder de atração é uma característica muito poderosa da feminilidade, mas também faz parte das etapas para um homem se tornar patriarca. Ele precisa aprender sobre os poderes da atração e da feminilidade, devendo honrá-los e respeitá-los. E não é só isso: ao honrar e respeitar, o homem consegue ter o poder da atração à disposição para utilizá-lo, quando colocado a serviço de um propósito maior. A sociedade moderna carece de energia feminina e masculina verdadeira; então, quanto mais mulheres vivenciarem uma feminilidade saudável, mais espaços serão abertos aos homens que estiverem prontos para que voltem a ocupar espaços masculinos saudáveis. Vale lembrar que só atraímos parceiros do mesmo nível de maturidade espiritual que o nosso. Então, se de alguma maneira você está insatisfeito com os relacionamentos que está tendo, saiba que sua responsabilidade é dupla. Pela pessoa que você atrai e pela pessoa que você é. Isso significa que todo relacionamento é chave e fechadura; é corresponsabilidade, não culpa.

Sempre que entrar numa jornada investigativa, de aprendizado, de desenvolvimento de sabedoria e virtude, as perguntas serão as grandes chaves mestras. É essencial fazer as perguntas certas; do contrário, você não chegará às respostas de que precisa.

Assim, a primeira pergunta é:

O QUE É O PODER DA ATRAÇÃO? DE ONDE VEM?
De maneira sintética, o poder da atração advém de um padrão coletivo de feminilidade. É uma manifestação da energia de feminilidade da mente humana, que é uma só. Esse poder é inerente à feminilidade; é

sereno, suave, tranquilo e receptivo. Por essência, a feminilidade atrai aquilo de que necessita. O poder da feminilidade advém da capacidade de vulnerabilidade e permeabilidade. Somente o permeável, o maleável, consegue receber; o rígido e impermeável não consegue receber; aparentemente é forte, mas, em grandes confrontos, racha-se e quebra. O poder da feminilidade pode ser comprovado na grande passagem mitológica que compara o carvalho com o bambu. O carvalho olhava para o bambu e o menosprezava dizendo: "Você é uma planta pequena, não tem raízes profundas, é magricela, basta um vento para atirá-lo de um lado para outro. Você não é como eu, que sou forte e frondoso". Um dia, houve uma tempestade nunca vista antes que arrancou o carvalho da terra pela raiz, e ele morreu. O bambu simplesmente fez o que sempre fazia, tanto nas pequenas chuvas e brisas quanto nas grandes tempestades: dobrou-se à tempestade e sobreviveu. Essa é uma passagem muito poética, uma narrativa sobre o poder do masculino e o poder do feminino. Este reside verdadeiramente na resiliência, na vulnerabilidade e na flexibilidade; é importante entender que essas características não são fraquezas, mas poderes. Conseguir dobrar-se é um poder. O carvalho, por sua vez, não tem essa opção. Tudo que é rígido ou duro não tem a opção de se dobrar, de se adequar num momento de dificuldade.

Como já afirmado, o poder de atração provém de um arquétipo coletivo do feminino, lembrando que arquétipo é um padrão antigo herdado. Nascemos com uma codificação mental de padrões ancestrais de muitas gerações, incontáveis no planeta, que vieram antes de nós. Recebemos essa carga habitual, familiar, codificada em nosso instinto. Arquétipo, então, é sinônimo de ancestralidade. Ambos andam lado a lado, são terminologias muito similares, usadas, às vezes, em contextos um pouco diferentes; no entanto, o arquétipo tem conexão direta com a ancestralidade, e esse é um dos princípios psíquicos mais relevantes para que compreendamos a realidade da vida humana. Por meio dele, acessamos as raízes, os padrões ancestrais de sucesso que vieram antes de nós, pois só chegaram a nós padrões ancestrais de sucesso. Tudo que está dentro de você são acessos energéticos psíquicos de ancestralidade, padrões ancestrais de sucesso; os padrões de fracassos não sobreviveram. Ancestralidade é sinônimo de poder de sobrevivência; os arquétipos existem porque são heranças psíquicas desse poder de sobrevivência.

Quando falamos de feminilidade, não há como não falar também de masculinidade, porque é o outro lado da moeda. Sempre trarei essa visão clássica de fortes tendências junguianas, porque os arquétipos vêm da linha analítica junguiana. Jung fez explanações muito precisas a respeito; se não fossem precisas com a realidade vivencial humana, com o ato filosófico de viver, eu não usaria esses termos. Quanto mais compreendemos os arquétipos, mais conseguimos entender padrões comportamentais nossos e de outras pessoas. Isso significa que passamos a entender mais da vida e de como nos relacionarmos; ao termos mais previsibilidade, é como se despertássemos um olho espiritual. Quando entendemos os arquétipos, entendemos a ancestralidade. Quando entendemos o que significa um arquétipo de feminilidade e masculinidade, por exemplo, já sabemos quais são os frutos do uso daquele arquétipo em dado contexto, e nossa capacidade de previsibilidade de certo curso de ação começa a se tornar cada vez mais precisa; assim, adquirimos sabedoria. Sabedoria é discernir quando certo caminho vai dar bons frutos ou não.

Um próximo questionamento é:

A SUTIL ARTE DE ATRAIR

O QUE PRECISA SER FEITO PARA ACESSARMOS ESSES ARQUÉTIPOS DE PODER DE ATRAÇÃO?

Em primeiro lugar, é preciso ter disposição de olhar para dentro e olhar para cima. Quando falamos de arquétipo, falamos do acesso a energias reprimidas ou depositadas em nosso inconsciente, e isso vale tanto para mulheres quanto para homens. Olhar para dentro e olhar para cima desenvolve um vigor moral, como se fosse uma corda que se consegue segurar para descer nas profundezas do inconsciente. Isso permite que exploremos nossa sombra, que é um dos principais arquétipos humanos. A sombra humana é um padrão antigo de tudo ser considerado errado, feio ou proibido. Todos os seres humanos têm o arquétipo individual e coletivo de sombra, ou seja, tudo aquilo considerado errado para mim e tabu na sociedade, e esse arquétipo na sua faceta coletiva muda conforme a civilização evolui, de modo que aquilo que hoje é tabu não o era dois mil anos atrás, mas se tornou nos dias atuais porque muitas pessoas que praticavam esse ato obtiveram fracassos e morte; então, as gerações de seres humanos que sobreviveram criaram padrões de resistência (os tabus). A sombra é um repositório de tabus no coletivo, mas também de choques, traumas, neuroses individuais, entre muitos outros padrões, como também o medo de morrer, de ficar sozinho, de não ser aceito, de viver uma vida sem propósito e significado, que possuem características individuais pela nossa história pessoal. Esses são medos e vazios individuais de sombras de versões universais que todo ser humano tem; no entanto, em algum momento da vida ele terá de resolvê-los. Existem também sombras específicas das jornadas masculina e feminina, que são as sombras de crises de masculinidade e as sombras de crises de feminilidade. Uma sombra de crise de feminilidade refere-se à decisão daquilo que todas as mulheres têm de fazer em determinado momento da vida;

por exemplo, se terão filhos ou não. Essa decisão normalmente vem carregada de tensão e pressão, e muitas mulheres passarão pela crise de maternidade em algum momento da vida, seja com filhos biológicos, seja com a experiência de maternidade projetada sobre outra pessoa ou coisa, que é a experiência do cuidar. Somente uma minoria consegue passar por isso sem tensão, porque essas pessoas focam em um propósito maior; desse modo, o arquétipo é desenergizado.

O homem também tem crises de masculinidade que estão na sombra, como a crise do provimento. Muitos homens entram em pânico com a hipótese de não conseguir prover e proteger, por ter de aceitar trabalhar e se sacrificar para serem produtivos. É como uma crise de *performance*; caso contrário, sentem que continuarão como meninos irresponsáveis e que não aceitam ser o pilar de sustentação de uma família. Sem responsabilidades, permanecem num estado pueril, em termos psíquicos. Durante esse tipo de crise, a pessoa pode refugar e ficar num estado juvenil ou transcender, atravessando essa sombra e aumentando a própria luminosidade. Somente olhando para dentro e para cima podemos ter força para vencer a sombra. Como dizia Jesus, é preciso orar e vigiar.

Para as mulheres, só é possível ter acesso a esse poder de atração quando equilibram o polo masculino. O *animus* envolve todos os complexos reprimidos no inconsciente feminino coletivo, reativa o lado feminino em grande intensidade e, de maneira consciente, aumenta drasticamente a feminilidade de maneira intencional. É assim que as mulheres ativam o arquétipo da atração, o arquétipo matriarcal de feminilidade, dominando o seu masculino e aprendendo a voltar para o feminino para que seu masculino não o sequestre e o abduza.

Para os homens, também é possível ativar o arquétipo de atração. No entanto, isso só é possível quando o homem mergulha nas próprias profundezas e compreende e aceita sua *anima*, que é a alma feminina interior, ou inconsciente coletivo masculino. Os complexos femininos, reprimidos em todos os homens, os fazem ser o que são. O poder de atração pode, entretanto, ser ativado pelos homens quando empreendem uma jornada de autoconhecimento e aprendem a dominar as energias femininas. Nesse momento, ele se torna patriarca, com autodomínio da feminilidade dentro de si, sem perder a masculinidade. Somente um grande homem consegue canalizar grandes quantidades da energia feminina, e somente uma grande mulher, uma matriarca, consegue canalizar de maneira consciente grandes quantidades da energia masculina.

Com esses conceitos postos, podemos questionar o seguinte:

COMO SE MANIFESTA A PRESENÇA DO ARQUÉTIPO FEMININO NO INCONSCIENTE COLETIVO EM HOMENS E MULHERES?

Nas mulheres, esse arquétipo feminino de atração vem por intermédio de um ato intencional. O plano de ação das mulheres para ativar a atração ocorre com o magnetismo, que é um ato intencional de incentivar o papel feminino ancestral. A energia brota na consciência da mulher quando ela está feminina e manifestando nela seu poder e papel; ou seja, é mais fácil para as mulheres ativar o arquétipo de atração. No entanto, os homens também têm a mesma capacidade, contanto que treinem e tenham maturidade espiritual. Neles, como vimos, esse arquétipo tende a ser reprimido, porque a atitude masculina está associada a esforço, combate, enfrentamento de dificuldades, de modo que se passa a gerar um tabu inquebrantável em que o homem acredita verdadeiramente que nunca conseguirá nada com facilidade. Esse arquétipo, essa energia para o homem é de muito mais difícil acesso. Para a mulher acessar o poder de atração, é como se tivesse de caminhar dez quilômetros, enquanto para o homem seriam dez mil quilômetros. Ainda assim, não é impossível. Uma vez que esses arquétipos estão profundamente reprimidos nos homens, dentro da *anima* deles, em geral se faz necessário um mergulho interior muito profundo para que possam destravar esse poder. O poder de atrair, como vimos, reside nesses arquétipos femininos. Mas o que é atrair mesmo? É puxar, fazer algo gravitar com magnetismo para você, sem esforço, pela qualidade. A feminilidade, pela qualidade feminina, atrai resultados sem esforço. O poder de atração feminino é igualmente poderoso ao masculino; a diferença é que o poder masculino aparece mais, aparenta mais força, o que não necessariamente significa que é mais poderoso. Essa confusão está profundamente enraizada na cabeça de quase todas as mulheres na sociedade moderna. É muito raro encontrar alguma que saiba sobre o poder da feminilidade. A masculinidade aparenta força, mas existe um poder infinito na feminilidade, que é o poder de atração. Atrair é isso: trazer resultados para si mesmo sem esforço.

DENTRO DESSES PRESSUPOSTOS, QUAIS SÃO AS PRINCIPAIS EXPRESSÕES DOS TIPOS DE ARQUÉTIPOS FEMININOS MAIS COMUNS NO INCONSCIENTE COLETIVO E QUE TÊM CORRELAÇÃO DIRETA COM O QUE OS HOMENS BUSCAM?
Trarei quatro arquétipos femininos que têm alto poder de atração, cada um com uma tonalidade diferente, e que são muito buscados pelos homens, universalmente. A matriarca pode encarnar os quatros, e não somente um. Todos são extremamente poderosos, com alto poder de atração, que a matriarca condensa em um só: a matriarca anciã.

A SUTIL ARTE DE ATRAIR

Nesse inconsciente coletivo, temos vários arquétipos femininos que existem como expressões diferenciáveis de tonalidade afetiva e que são reconhecidos em muitas culturas. De certo modo, isso foi associado ao Sagrado, que é uma das qualidades do feminino, e compartilhado de maneiras diversas em várias culturas; no entanto, existe um denominador comum por trás dos arquétipos femininos, e agora trago uma visão de Jung.

As principais expressões dos arquétipos femininos têm correlação direta com o que os homens buscam, porque são reflexo da *anima* desses homens, que é a fonte do poder desses arquétipos. Quando a mulher manifesta um desses arquétipos, ela ativa a *anima* do homem, que o intima a ser mais homem, para suportar a energia feminina dentro de si. É daí que se origina o magnetismo, cujo motivo ele não saberá explicar. A perda do interesse masculino por determinada mulher ocorre porque ela está saindo dos arquétipos matriarcais femininos e entrando em arquétipos masculinos. Quando isso acontece, os arquétipos que ela está utilizando conscientemente não ressoam com a *anima* reprimida dos homens. Não há problema nenhum se a mulher fizer isso, desde que seja no contexto correto, como no trabalho, quando o arquétipo masculino é necessário para que se obtenham resultados. Entretanto, é preciso deixar claro que nesse ambiente o poder de atração estará minimizado ou neutralizado. Então, quando ela quiser usar o poder de atração na vida pessoal e afetiva, a fim de atrair um bom parceiro, terá de encarnar arquétipos femininos matriarcais, que, como vimos, são reflexos parciais da *anima* dos homens com quem ela convive, seja um pretendente, um namorado, um noivo ou um marido, ou até mesmo outros homens, não importa. Todos os homens têm uma *anima*; na verdade, eles têm acesso à *anima*, e o arquétipo feminino reprimido nos homens afeta diretamente as preferências dele. Como já dito, quando as mulheres utilizam de maneira consciente os arquétipos femininos reprimidos nos homens, tornam-se altamente atraentes para a maioria dos homens masculinos. Um detalhe importante que precisa ser ressaltado: certamente você deseja atrair homens masculinos, e não femininos; então, quando usar um arquétipo feminino e não funcionar, isso é uma evidência de que esse homem está com a polaridade invertida, tomado pela *anima*, e é por isso que sua feminilidade não o atraiu. Esse é o que chamo de homem frouxo, que vamos abordar ainda ao longo deste livro. Nesse caso, trata-se de um verdadeiro livramento. Homens e mulheres devem estar nas polaridades corretas.

Os quatros tipos de arquétipos matriarcais que os homens buscam enfaticamente ao longo da vida têm altíssimo poder de atração. O primeiro deles, talvez o mais evidente, porque é facilmente demonstrado no comportamento masculino, é o arquétipo da amante, que está diretamente relacionado com sensualidade, amor e desejo sexual. Não me refiro à figura de amante dentro do contexto de infidelidade, e sim do arquétipo comportamental e fisicamente sensual. Essa sensualidade é natural, advinda da feminilidade. Uma forte conexão da mulher com o próprio corpo ativa naturalmente esse arquétipo. Os poderes da amante são muito fortes, porque, como sabemos, os homens são muito visuais; contudo, devem ser usados com prudência, porque, dada essa energia psíquica sensual, você acabará atraindo a atenção de homens maduros e imaturos. Então, é preciso saber discernir; nesse sentido, os outros arquétipos servem como complementos do primeiro, pois, se o homem valorizá-los (os próximos arquétipos que vamos conhecer envolvem feminilidade menos intensa, mas igualmente poderosa), você saberá se ele é ou não maduro. Para que o homem visualize um arquétipo feminino mais sofisticado e maduro, ele precisa ser mais sofisticado na própria masculinidade e estar amadurecido. As pessoas só atraem e discernem aquilo que está no mesmo nível de espiritualidade delas. O arquétipo da amante é frequentemente associado a figuras mitológicas, como Afrodite e Vênus, deusas do amor e da beleza. Existem vários exemplos simbólicos dessa energia, mas, basicamente, ela está presente na mulher que é social e tem autodomínio da própria beleza natural. Não estamos falando de sedução, e sim de atração. A mulher naturalmente confiante na própria beleza natural, advinda de sua feminilidade, é muito mais atraente que a mulher que é toda "trabalhada", construída para se encaixar em um padrão determinado de beleza. A maioria dos homens prefere mulheres sem maquiagem, porque o masculino é atraído pela feminilidade natural. A beleza autêntica naturalmente se manifesta em grupos nômades ou entre povos indígenas. Nessas sociedades, muitas vezes carentes de qualquer tipo de tecnologia ou sem acesso às facilidades da vida moderna, as pessoas emanam uma beleza natural. É claro que não é errado utilizar conhecimentos científicos para realçar a própria beleza natural; o problema é construir uma pessoa "do zero", um personagem com base em um padrão de estética que deixa de valer a cada cinco, dez ou vinte anos. A fissura em tentar criar uma beleza artificial é uma verdadeira neurose, chegando a beirar a patologia psíquica. É impossível alguém se satisfazer seguindo um padrão estético que não foi dado por Deus.

Jung chamou o arquétipo da amante de Eva, em referência à figura bíblica, parceira de Adão. Essa é a mulher que os homens buscam, a mulher pela qual têm alto desejo sexual.

O SEGUNDO ARQUÉTIPO DESEJADO PELOS HOMENS É O ARQUÉTIPO FEMININO DA CRIANÇA INTERIOR. O QUE ISSO SIGNIFICA? OS HOMENS NÃO O TÊM?

A resposta é sim, têm, mas nos homens esse arquétipo se manifesta de maneira diferente. A criança interior simboliza inocência. Em uma aula minha explico em detalhes sobre a menininha *zen*, em que ela se manifesta na matriarca que se comporta de forma simultaneamente inocente e astuta. Inocência não significa ingenuidade. Uma pessoa ingênua é despreocupada e ignorante, que não sabe quais são as consequências das próprias ações, portanto, sem visão. Já a inocência é a pureza de coração e de intenção. Inocência e astúcia não são contraditórias, e sim irmãs. A pessoa inocente, que tem pureza de coração, precisa ser astuta. Na Bíblia há uma passagem em que Jesus fala: "Sejais pacíficos como a pomba e astutos como a serpente". A serpente do Novo Testamento não é a mesma serpente do Antigo Testamento. Ela simboliza a astúcia, que é saber identificar malícia e intenções ocultas. A pessoa inocente precisa dessa camada de proteção. É daí que vem a qualidade da feminilidade de querer se divertir e levar uma vida mais leve, de buscar bem-estar e não querer acumular grandes riquezas simplesmente pela ambição, que é uma característica masculina. Isso não significa que as mulheres não possam ser ambiciosas, mas, em excesso, isso as desgasta. A natureza feminina tende muito mais ao bem-estar, à qualidade de vida, à busca por segurança e a uma vida tranquila. Tornar-se milionária e mandar em todo mundo não é algo atrativo para a maioria das mulheres femininas, mas para os homens sim. Isso também tem a ver com a sabedoria feminina, que é um dos arquétipos que veremos adiante.

O arquétipo da criança interior representa a parte lúdica e criativa da psique feminina. Temos, então, uma primeira forte conexão da sensibilidade com a expressão artística, que se manifesta sobretudo nas mulheres e realça fortemente a feminilidade. Um dos caminhos mais poderosos para fortalecer a feminilidade é a conexão com as artes, como dança, música, poesia, jardinagem, escultura, pintura, cerâmica, entre outros. Na verdade, qualquer atividade pode ser feita num estado de arte, que é um estado de excelência. Já o que ativa a masculinidade é o preparo para um combate, que não é nada artístico. Para um exímio lutador, é possível transformar a luta em um estado de arte, mas a luta, por si só, opõe-se à arte. O combate é uma força de destruição e sofistica o masculino. Essa força é dominada para ser uma força de proteção, que é o ápice alcançado, por exemplo, nas artes marciais ou no caso de grandes atiradores que usam armas de fogo em defesa da vida, da sociedade contra a criminalidade. Pessoas que não seguem as convenções sociais e são simplesmente egoístas, buscando somente tirar vantagens, essas sim são ingênuas.

 O arquétipo da criança interior está conectado à capacidade de imaginar e de se maravilhar, fonte do romantismo feminino. Muitas mulheres, na sociedade moderna, se pudessem escolher, gostariam de ser mais românticas, mas, em virtude de traumas e de uma criação problemática, bem como da história de vida que tiveram com os homens que passaram na vida delas, tiveram de sufocar o romantismo que naturalmente escolheriam para se armar para o combate. O romantismo nunca sai da mulher, e a prova disso é a ilusão da princesa, que traça a figura de um príncipe em quem a mulher vive pensando. Querendo ou não, trata-se de uma idealização, em que se imagina um alvo altamente desejado.

 Jung chamou esse arquétipo feminino de Helena, numa associação com Helena de Troia, que motivou e mesmo inspirou a Guerra de Troia, na Grécia Antiga.

Então temos Eva, que é o arquétipo da amante, e Helena, que é o arquétipo da criança interior e da diversão. Como vimos, esses dois arquétipos são extremamente desejados pelos homens. É com a mulher que tem o arquétipo da Helena ativo que os homens namoram. Homens masculinos só pedem em namoro mulheres que têm a capacidade de encarnar esse segundo arquétipo na visão dele.

O terceiro arquétipo é extremamente poderoso e feminino, o qual, majoritariamente, todos os homens buscam. Entretanto, ele gera muitas controvérsias por causa da própria qualidade. Trata-se do arquétipo materno. Talvez esse seja o mais poderoso dentro da psique feminina. Representa uma figura universalmente reconhecida, a mãe. Se perguntar aos homens solteiros qual é a mulher que mais valorizam, certamente vão mencionar a mãe na grande maioria dos casos, sem dúvida nenhuma. O homem precisa ser muito maduro para substituir a mãe desse primeiro lugar pela esposa. O imaturo, por sua vez, ainda apegado a energias juvenis, dirá que prefere a mãe a quaisquer outras mulheres. Há homens que chegam ao ponto de dizer que nenhuma mulher presta, exceto a própria mãe. Isso não faz sentido nenhum, uma vez que toda mulher tem o potencial de ser mãe, de modo que qualquer mulher que é mãe ou não também pode ter grande valor. Se o homem valoriza o arquétipo materno na própria mãe, deveria valorizá-lo também em outras mulheres. O contrário é uma atitude incongruente e irracional. O homem que assim pensa não consegue entender a própria falácia em que acredita.

Jung chamou esse arquétipo maternal de Maria, inspirado pela mãe de Jesus, que simboliza o cuidado, a nutrição, o acolhimento, o amor incondicional e a proteção no momento de fragilidade. Refere-se ao ímpeto feminino de cuidar, de querer que os outros estejam bem, de ser uma boa anfitriã, por exemplo, num papel social do qual muitas mulheres não estão conscientes. Dominar a arte da hospitalidade também é responsabilidade do arquétipo maternal, algo altamente desejado pelos homens. Esse é um exemplo de capacidade maternal fora do contexto mãe-filho. No contexto social, o homem vai analisar como a mulher se porta numa situação social, se é boa anfitriã, se é delicada, elegante, suave e harmoniosa. Todas essas qualidades advêm do arquétipo matriarcal. É como um tratamento de mãe temporária para pessoas que, naquele momento, naquele contexto, são especiais. Quando você recebe visitas na própria casa, por exemplo, vai tratá-las muito bem, senão não as teria convidado. É por isso que costumo dizer que o ônus do evento é de quem convida. Se você der uma festa na sua casa, ao término você não vai exigir que todos paguem pelo que consumiram – isso até pode acontecer caso seja combinado previamente e os amigos sejam muito próximos, mas esse é outro contexto. É por isso que, quando o homem toma a iniciativa no flerte, ele arca com os custos do convite também para mostrar que é um bom anfitrião. Nesse momento, ele utiliza uma energia feminina, e isso demonstra certo nível de maturidade, pois ele demonstra aceitar ser provedor, anfitrião e também protetor. Equilíbrio entre masculino e feminino na dose certa para o contexto. Como vimos, o papel maternal feminino é diferente, e, nos ambientes seguros e íntimos, essas características são muito valorizadas pelos homens porque eles têm em mente o padrão materno. É esse tipo de mulher que ele deseja que seja a mãe dos filhos dele, tão ou mais amorosa que a própria mãe. Ele não vai aceitar uma mulher que considere inferior à figura maternal, porque ele não consegue aceitar uma situação que fira o padrão que ele formou muitos anos antes, na infância. É por isso que homens muito mimados e superprotegidos pelas mães tendem a fracassar em relacionamentos, porque o nível de comparação de afeto que eles têm é tão alto que isso atrapalha no futuro. Homens assim têm uma visão equivocada da fúria masculina. Meninos e meninas precisam ser criados de maneiras diferentes. Se uma mãe proteger demais o filho ainda em criação e não deixá-lo se expor a certos perigos, dando-lhe afeto demais, ela acabará por atrapalhar o futuro de relacionamentos dele. Ele dificilmente vai encontrar uma mulher que entregue mais amor e afeto que a própria mãe. Uma vez que ele recebeu afeto de maneira desmedida, tornou-se um homem fraco que vai tentar encontrar uma verdadeira "deusa do Olimpo" que não existe. A mãe que assim age demonstra, sem querer, profundo egoísmo, muitas vezes sem consciência de quão prejudicial no futuro essa atitude se mostrará. É preciso que esse homem se reconecte com a energia paterna, que manda esse filho encarar o mundo como ele é e não contar com a proteção materna. Quando entende isso e percebe que somente a fé em Deus irá protegê-lo, ele vira homem "de verdade". Ele começará a se relacionar verdadeiramente com as mulheres e só então analisará de maneira criteriosa e racional se determinada mulher tem maturidade equivalente ou não à dele. Esse arquétipo é, também, diretamente associado à criação e ao sustento. Costumo dizer que os homens só pedem a mulher em casamento quando veem claramente que ela encarna o arquétipo Maria em sua visão.

O quarto arquétipo é o arquétipo do sábio, da sabedoria matriarcal, chamado por Jung arquétipo de Sofia. Vemos então que Jung escolheu o nome de quatro mulheres distintas para representar os arquétipos matriarcais.

A sabedoria é uma qualidade feminina. Sofia simboliza esse arquétipo, que representa a sabedoria espiritual e a intuição. A mulher que tem essas características é conectada com o Sagrado e consegue agir de maneira astuta. Normalmente, o "faro" dela é apurado, e ela consegue detectar problemas antes mesmo de acontecerem. É detentora de um conhecimento ancestral da sabedoria matriarcal, o qual gera a capacidade de oferecer orientação, aconselhamentos e *insights*. Ela se torna uma verdadeira bússola moral para o cônjuge, que nutre por ela um respeito muito grande, porque enxerga nela sabedoria. A mulher sábia edifica o lar, porque, com sua sabedoria, dá concretude à formação da unidade familiar. É a sabedoria feminina que direciona os esforços de combate masculino; caso contrário, o homem entra em combates inúteis e só se desgasta. A comunicação feminina matriarcal é muito bem recebida pelos homens, que, por meio da racionalidade, vivem fazendo cálculos econômicos de vitalidade, no que vale a pena investir sua energia e o que vão olhar com preguiça e procrastinação. Quando a mulher fala de maneira suave e delicada, e os direciona para onde devem olhar, eles saberão o que fazer, e o farão. No entanto, quase a totalidade de homens não darão o mérito à esposa; em contrapartida voltarão com os frutos e o reconhecimento do sucesso que obtiveram por intermédio de conselho matriarcal e os compartilharão com ela. Não espere agradecimentos, porque eles não costumam agir assim. Como vimos, homens são territorialistas, e isso vale também para o campo psíquico; o homem transforma seu conselho em plano de ação para o combate. Após obter os resultados, ele irá lhe demonstrar gratidão, compartilhando-os com você. O poder da atração reside em aceitar o mérito do conselho e receber os frutos do combate sem ter de partir para a ação. Ao exigir que ele a valorize porque está dando conselhos que vão mudar a vida dele, você está se predestinando a fracassar nos relacionamentos, porque – vale repetir – homens não agem assim. Eles agirão baseados no instinto de proteção e de provimento. O fato de você agir de maneira delicada, gentil e feminina reflete sabedoria. A mulher sábia é receptiva, pois recebe a informação e devolve o conselho de modo suave para que o receptáculo dessa informação reflita sobre isso e a analise. O homem vai se apropriar do conselho, e isso é muito saudável. Vejo muitas esposas equivocadamente dando conselhos e querendo receber o mérito. É preciso que elas compreendam que o maior mérito que receberão são os frutos do combate que esse homem empreendeu. A mágica acontece quando você dá um conselho de maneira imparcial, sem julgamentos, e ele se apropria desse conselho. Você direciona e influencia, mas não comanda o marido. Se o comandar, você vai ficar insegura, porque precisa de um homem forte, autônomo e líder que ouça conselhos, pondere a respeito, mas aja de maneira masculina, e não de um que espere um comando para agir.

Sofia é a mulher mencionada no capítulo 31 de Provérbios, na Bíblia. Ela é mais rara que rubi, a matriarca anciã. O arquétipo de Sofia é frequentemente associado à cultura pagã, sendo chamada feiticeira ou sacerdotisa; na verdade, ela não tem nada de pagã: ela é um anjo de Deus, e o mérito não é dela, pois a intuição que teve não era dela. Deus falou com Sofia, que replicou o conselho ao homem com quem vivia. Você pode usar sua sabedoria com seu pai, seu filho e outros homens que façam parte da sua vida, e terá o mesmo efeito impactante que teve com o cônjuge. Esse arquétipo é extremamente poderoso com qualquer homem, além do parceiro.

Esses são os quatro arquétipos matriarcais que mais impactam os homens e que têm maior poder de atração, porque são reflexos da *anima* masculina. Os homens anseiam pelas características de cada um desses arquétipos. Guarde o nome dessas quatro mulheres.

Com essa explanação ampliada sobre os arquétipos junguianos que os homens mais buscam, entenda que você não deve ser apenas um, mas todos os quatro, pois toda mulher consegue ser todos os quatro. Para isso, é preciso entender qual é o denominador comum, que se origina do amadurecimento da sensibilidade feminina, que, como vimos, é a essência da feminilidade. Esse amadurecimento passa por quatro estágios:

O primeiro estágio é a graciosidade, natural da mulher. Mulheres são mais sensíveis, e não digo isso de maneira pejorativa. Elas percebem coisas que os homens nem sequer registram, dada a sensibilidade espiritual aguçada tipicamente feminina. Elas têm também maior sensibilidade espiritual, e exatamente disso advém a vulnerabilidade física. Elas são mais atentas e percebem perigos até subjetivos com muito mais facilidade que os homens. A graciosidade é um talento inato de Deus que todas as mulheres recebem como um presente. Obviamente que podem negar esse presente, mas todas o recebem. Por meio dessa sensibilidade espiritual da graciosidade, a mulher pode refinar os próprios dons artísticos, captar emoções ou sentimentos. No entanto, se essa característica não for dominada, passa a ser hipersensibilidade ou histeria. Curiosamente, a etimologia do termo "histeria" remete a disfunções do útero.

O segundo estágio é muito associado ao arquétipo de Helena, que tem a elegância como uma das principais características. Todas essas etapas serão somadas no caminho da matriarca, de modo que, cada vez que você domina essas energias, aproxima-se cada vez mais de ser uma matriarca. Elegância é sensibilidade intelectual, é a capacidade de sentir o que é harmônico, aquilo que faz mais sentido dentro de certo ambiente, que pode ser uma relação, um evento, um ambiente físico ou psíquico. A elegância é, de certo modo, uma noção social que advém do arquétipo matriarcal de Helena, que pode levar a intuições até mesmo celestiais, se a mulher estiver muito bem alinhada com Deus. Essas intuições trazem mais harmonia, mais diversão, mais leveza, menos conflito e promovem o estado de bem-estar. No entanto, se você buscar elegância apenas na aparência, agindo sem um propósito atrelado a algo maior e divino, suas intuições trarão sofrimento.

O terceiro estágio é o da delicadeza, que também tem a ver com Maria. Essa delicadeza se mostra na sensibilidade afetivo-emocional e na capacidade de vivenciar emoções intensas, mas não ser tomada por elas. A sensibilidade no nível da delicadeza é a encarnação da curadora, da capacidade de acolhimento. Em essência é a energia da mãe, do maternal. A mulher madura, que está no caminho do matriarcado, é consciente; suas emoções são domadas e usadas de maneira inteligente, para que ela obtenha os resultados que deseja. Se não tiver consciência desse arquétipo e não encarnar as características de Maria, ela se torna dramática, com emoções destrutivas e avassaladoras, e destrói o caminho por onde passa. Ela simplesmente queima tudo em volta de si com suas emoções.

O quarto estágio, associado ao arquétipo de Sofia, relacionado à sabedoria prática e cotidiana feminina, é uma sensibilidade material. Chamo também esse estado de gestão de recursos com o fim do belo. Trata-se de uma sabedoria interior atrelada à intuição, que transforma o menor em maior, mas é um saber que traz a resposta sem esforço. O patriarca traz uma casa, a matriarca a transforma em lar; o patriarca traz comida, ela transforma em um banquete para a família. O patriarca traz dinheiro, ela transforma em educação e cultura para os filhos. Essa sensibilidade material é a virtude associada ao arquétipo de Sofia. Sofia é cheia de graça, no sentido divino e celestial da palavra; é cheia da graça de Deus em todos os paradigmas, a qual traz à mulher uma sabedoria atemporal e multiplicadora, como em Provérbios 31. Ao encarnar esse arquétipo gracioso, terá maiores estados de moralidade, honra e virtude nos ambientes em que convive. A inconsciência da própria feminilidade leva à corrupção da alma, a estados infernais e à vulgaridade, que é o oposto da graça e da sabedoria atemporal espiritual e material.

A jornada do matriarcado passa por essas quatro etapas de sofisticação da sensibilidade: espiritual, intelectual, afetivo-emocional e material. A primeira, por si só, é a graciosidade; a segunda é a elegância; a terceira é a delicadeza; e a quarta é a sabedoria ou gestão de recursos com o fim do belo. Essas etapas são os denominadores comuns, presentes em todos os outros arquétipos. A matriarca deve integrar todos eles.

Com mais esse conceito estruturante e poderoso que estou apresentando, vamos entender a perspectiva junguiana do poder de atração feminina. Essa é a disciplina que mais tem respostas sobre o poder da atração em contraposição à força de sedução. A sedução é uma força, e a atração é um poder. No livro *Poder vs. Força* (Pandora Treinamentos, 2018), o doutor David R. Hawkins, que foi psiquiatra e grande professor espiritual, explica em detalhes a diferença entre um estado de poder e um estado de força. Para Jung, o feminino se manifesta como sofisticação da energia psíquica que ele chamou de Eros. Esse é o nome técnico da feminilidade; a energia psíquica de Eros nada mais é que sensibilidade.

A jornada do matriarcado envolve uma sensibilidade mais sublime e celestial, que é a graça, que é espiritual. Essa jornada se inicia dentro de uma sensibilidade juvenil, quando a menina está incomodada com pequenas coisas e tem certos mimos e caprichos que ela quer que sejam atendidos. Ela alcançará a mestria transformando-se na matriarca anciã, que tem sensibilidade da matéria mais rústica e mais primordial, e a mais refinada que entende o que Deus é. Esse é o nível mais sofisticado da matriarca, porque ela direcionou a própria sensibilidade do Divino e do Sagrado, e depois para a matéria em comunhão com o Divino.

DEPOIS DESSE APROFUNDAMENTO, PODEMOS PERGUNTAR: POR QUE ESSES PADRÕES FUNCIONAM?

Funcionam porque estão reprimidos no inconsciente masculino. Quando a mulher usa esses padrões, ela drasticamente chama a atenção masculina e a retém, tornando-se um alvo altamente desejável. A principal causa que faz a sensibilidade, a delicadeza, a graça e a elegância funcionarem sobretudo com homens é o fato de serem o oposto complementar da fúria, a essência da masculinidade, o *logos* na análise junguiana. Essas técnicas têm o poder de pacificar a fúria masculina interior, gerando uma sensação de bem-estar. Com elas, você ajuda o pretendente a ganhar autodomínio quando ele interage com você. O autodomínio aproxima o homem do estado patriarcal, como é contado no conto de fadas *A Bela e a Fera*, narrativa mitopoética do poder feminino da atração. O conto fala sobre o poder que a protagonista tem em domar a fera, e ela passa por cima daquele galã, o Gastão, para focar na fera, que doma por intermédio de sua feminilidade, organização, elegância e graciosidade. Essa história é um exemplo perfeito de uma narrativa do poder e da capacidade da atração feminina. Ao final, como sabemos, a fera se transforma em um príncipe encantado, como em praticamente todos os contos de fadas.

ENTÃO PODEMOS PERGUNTAR: DÁ PARA USAR ESSAS TÉCNICAS SEMPRE E EM QUALQUER LUGAR?

Não. Só é possível usá-las com eficácia quando se está consciente, centrada e equilibrada. É importante haver equilíbrio entre as energias masculina e feminina. Como a feminina está sendo usada em altíssima intensidade, a atração pode despertar o masculino em outras pessoas, principalmente nos homens, que vão se sentir mais masculinos perto dessa mulher. Isso significa que as técnicas só vão funcionar com homens que têm o lado masculino saudável, forte ou intencionalmente estejam caminhando para isso. A mulher feminina agirá como a grande cativadora.

A mulher que aprende a usar o masculino e o feminino na dose certa e no ambiente certo é uma verdadeira matriarca. Ela sabe ativar o magnetismo feminino na hora em que quiser, e essa é uma característica nítida de uma matriarca, que a diferencia de outras mulheres. Isso é SAA; essa mulher tende a conseguir tudo que deseja por causa desse poder de atração e gravitação, uma vez que ela, na verdade, está servindo a Deus, e não a si mesma.

CAPÍTULO 3

OLHAR PARA DENTRO E PARA CIMA, OLHAR PARA FORA E PARA BAIXO

Neste módulo, vamos abordar o tema dos paradigmas de visão. As pessoas estão em níveis diferentes de maturidade, que é a qualidade de olhar para dentro e olhar para fora. A pessoa que olha para fora é imatura; a que aprende a olhar para dentro, madura. Olhar para fora é reagir (reatividade); olhar para dentro é presença, serenidade, tranquilidade. Isso significa que, para resolvermos nossos problemas de relacionamento, precisamos, paradoxalmente, parar de olhar para fora e para baixo e começar a olhar para dentro e para cima. Quando olhamos para dentro e para cima, resolvemos os problemas que acontecem fora de nós – em geral, conflitos, que são baixezas da vida humana.

Vamos expandir esses conceitos compreendendo que, o que acontece em nossa vida, se transforma em experiências. Com elas vêm as experiências desagradáveis – essas a gente nega, automaticamente, por aversão, por repulsa. Quando negamos essas experiências, entramos em um processo automático chamado repressão, isto é, pego uma experiência negativa à qual estou resistindo e varro-a para debaixo do tapete. Essa experiência some do meu campo de consciência, mas não do meu ser; fica guardada no meu inconsciente. Todas as experiências que nego, tendo a projetar para fora, com o gatilho correto. Essa projeção das experiências que nego em mim é um dos conceitos mais complicados de entender, e, na realidade, a gente vê nos outros um efeito espelho daquilo que somos. Quando reprimo essas experiências desagradáveis, projeto-as nos outros e tendo a me vitimizar. A vitimização, como é chamada na psicologia, pode ser compreendida como a ação ou o efeito de ser vítima de uma conduta praticada por terceiros, por si mesmo ou por um fato natural. O agente causador está fora; existe uma ilusão de que o jeito como sou, aquilo que me tornei ao longo do tempo, é causado por eventos, pessoas ou coisas externas.

Quando a pessoa vira a chavinha e resolve amadurecer, responsabilizar-se, olhar para dentro, ocorre a maturidade, a qual se alinha a três princípios que são a base do relacionamento: verdade, respeito e diálogo.

Relacionar-se é compartilhar a verdade com outro indivíduo, respeitá-lo e dialogar com ele – isso é relacionamento. Tenho minha verdade e a respeito; por respeitá-la, respeito a verdade do outro, e, quando interajo com o outro, troco minha verdade com a dele; compartilhamos mutuamente as verdades e, desse modo, criamos uma ponte. Essa ponte criada entre as verdades, de maneira respeitosa, é diálogo, é relacionar-se. No entanto, para que isso aconteça, é extremamente necessário que o homem esteja com o masculino ativo, e a mulher com o feminino ativo. Se isso não ocorrer, ambos estão em estado de mentira. Toda mulher e todo homem estão naturalmente em verdade quando o homem está masculino, e a mulher, feminina. Quando o homem usa a energia feminina, mas está no masculino, é patriarca, e, quando a mulher está no feminino, mas usa a energia masculina, é matriarca (um nível de mestria). Todo patriarca consegue usar a feminilidade, e toda matriarca, a masculinidade. A diferença é que ambos têm uma ativação tão poderosa da energia masculina e feminina dentro de si que não se perdem quando usam a energia oposta, ou seja, não reagem. O problema é um homem reagir de maneira feminina e uma mulher reagir de maneira masculina, porque aí estão focando fora, não dentro. Quando focam dentro, o homem, usando sua masculinidade, pega uma energia feminina e a usa conscientemente, e a mulher, olhando para dentro e para cima, usa sua feminilidade para pegar uma energia masculina e usá-la na situação que demanda energia masculina. Essa é a diferença básica e conceitual de pessoas maduras e imaturas: as imaturas olham para fora e para baixo; as maduras, para dentro e para cima, como exposto anteriormente.

CONSCIENTE *VERSUS* INCONSCIENTE – OLHAR PARA FORA
Vamos explorar um pouco mais o olhar para fora e o estado de reatividade que caracteriza a imaturidade.

O processo consciente *versus* inconsciente, olhar para fora *versus* olhar para dentro, acontece quando uma experiência passa por nosso campo de consciência e é desagradável – negamos aquilo que não aceitamos. O estado de aceitar ocorre quando recebo aquilo na minha vida; o de resistir, quando o nego. Psicologicamente, negação é resistência; resistimos a tudo que achamos desagradável.

Quando nego essa experiência, automaticamente reprimo ou suprimo aquilo com que não quero lidar agora; isso vai para o meu inconsciente. A repressão é automática. É como um instinto: não penso. A supressão acontece de maneira consciente; uso da força de vontade para varrer a experiência negativa para debaixo do tapete. Conscientemente ou não, a energia que neguei vai para meu inconsciente e se acumula, como em tanques de armazenamento, e uma energia negativa está conectada à outra.

Como dito, essas energias são armazenadas no inconsciente, no que chamamos de "complexo psíquico", porque guarda um monte de emoções, ideias e memórias associadas a essas energias. À medida que trago à tona determinada energia, com ela virão várias memórias, ideias e pensamentos associados.

O complexo psíquico interno reprimido, com o gatilho certo externo, traz de volta para nossa consciência as experiências desagradáveis que havíamos reprimido ou suprimido, gerando em nós uma sensação de total desconforto pela emersão daquela energia negada para a consciência. Exemplificando, alguém ou algo faz que as experiências com as quais não quero lidar, que foram reprimidas ou suprimidas, sejam "projetadas" no outro, como um espelho, e a energia delas começa a voltar para o meu consciente, deixando-me em um estado de desconforto extremo. Isso significa que, o que vejo no outro que me incomoda, é algo que há igualmente em mim, ou até mais. A prova disso é meu desconforto com esse algo no outro.

A mente usa a racionalização para justificar esse desconforto, o qual acredito tenha me gerado a raiva, mas, na realidade, só estou sentindo raiva porque tenho energias reprimidas dentro de mim. O evento, o local ou a pessoa que a despertaram foram apenas o gatilho; a pólvora estava guardada dentro de mim. A gente só vê fora o que tem dentro, em especial o que incomoda; isso é o efeito espelho, que acontece com pessoas imaturas que só olham para fora; se olhassem para dentro, veriam e saberiam que aquela energia está dentro delas, não na outra pessoa, apenas está reprimida e é de difícil acesso internamente.

OLHAR PARA DENTRO: CORAGEM E AUTORRESPONSABILIDADE

O grande remédio para deixar de olhar para fora é olhar para dentro. Quando olhamos para dentro, ativamos a coragem, que é a porta de saída dos níveis de consciência e das emoções negativas. Isso quebra o ciclo de vitimização e nos dá poder pessoal e autoestima para mudarmos a nós mesmos e as situações à nossa volta. Quando confronto a emoção negativa, que é o estado de presença (quando o homem ativa o masculino, e a mulher, o feminino), entro em verdade. E, nesse estado de verdade, de respeito com aquilo que está acontecendo comigo e de abertura de diálogo com aquelas emoções, diálogo esse que pode ser interno, preciso primeiro me relacionar com a verdade, depois comigo mesmo, para, por fim, me relacionar com o outro – isso é o que chamo de "individualidade saudável". Quando praticamos a verdade, o respeito e o diálogo, colocamos em prática três prioridades nos relacionamentos.

1. A verdade virá se eu priorizar Deus acima de tudo. Se a palavra "Deus" não fizer sentido a você, troque-a por uma que faça. Verdade é priorizar Deus, esse Poder Amoroso Infinito (PAI).
2. Respeito é priorizar a mim mesmo. Quando coloco Deus em primeiro lugar e a mim mesmo em segundo, estou pronto para me relacionar, dialogar, respeitar e compartilhar minha verdade com

os outros. Quando pratico os três princípios – verdade, respeito e diálogo –, ordeno minha vida de relacionamentos e meu ser; então se desenvolve a individualidade saudável, que é um estado de consciência de coragem e de autorresponsabilidade, porque você olha para dentro e sabe que tudo que acontece na vida é fruto de seus posicionamentos, de sua visão e de sua tomada de decisão.

3. Diálogo origina-se do grego *diá*, que significa "através" ou "entre", e *lógos* que significa "palavra", "discurso", "razão" ou "saber". Podemos concluir então que diálogo é "dois que sabem", ou "por meio do saber", ou "saberes que se atravessam". Essas conclusões são muito descritivas de comportamentos construtivos em relacionamentos, pois se alinham com os princípios da verdade e do respeito, culminando no diálogo, em que há as verdades individuais, compartilhadas com respeito mútuo. Essa é a base do relacionar-se.

ATIVAÇÃO DO MASCULINO E DO FEMININO

A ativação do masculino nos homens e do feminino nas mulheres é o que condiciona a individualidade saudável, que abre a oportunidade de a gente se relacionar com outros seres humanos.

Primeiro, precisamos praticar a verdade, o respeito e o diálogo. Essa prática abre espaço para as três prioridades: Deus em primeiro lugar; eu mesmo em segundo; e os outros em terceiro. Para homens e mulheres, isso se manifesta de maneiras diferentes.

O masculino é ativado primeiro com a aliança com a verdade, o que significa o homem viver em honra, mantendo um vínculo com Deus. É o estilo de vida de um homem que tem a verdade como princípio. A palavra é sua lei, e ele cumpre tudo que fala. A grande diferença entre homens imaturos e maduros é que os imaturos falam muito e fazem pouco, enquanto os maduros fazem muito e falam pouco. Então, nunca acredite no que os homens falam, apenas no que fazem.

O homem se respeita quando a vida dele é construída em torno de rotinas de autodomínio, que são rotinas de desafio, de confronto com o desconforto, por meio das quais ele busca crescer e se desafiar cada vez mais. Esse homem se torna muito masculino e muito forte, e isso permite que, por intermédio dos relacionamentos, ele honre, proteja e provenha o feminino. É exatamente isso que permite ao feminino ser feminino; ele só se torna verdadeiramente feminino quando sente proteção, provimento e honra.

A ativação do feminino não precisa vir necessariamente de um homem; pode vir de Deus. Surge, primeiro, depois que a mulher aprende a se relacionar com Deus. Ela deve idolatrar somente a Deus, mesmo que tenha um patriarca ao lado. Esse é o primeiro pilar da ativação do feminino.

O segundo pilar são as rotinas de autocuidado. A mulher se respeita quando aprende a se cuidar, permite se divertir e ser feminina. Tudo que traz bem-estar para a mulher é rotina de autocuidado. Rotina de autodomínio é tudo que traz dor para o homem, porque o homem cresce na dor; já a mulher cresce no bem-estar.

O terceiro e último pilar é o do florescimento da feminilidade, que ocorre quando o feminino matriarcal entende que só pode cuidar dos outros quando está bem, isto é, quando cuida antes de si mesmo. É exatamente essa consciência matriarcal que faz que a mulher, quando não está tão bem, se refugie, se volte para Deus e para o autocuidado. Somente depois disso – após estar regenerada –, ela volta a se relacionar. Só Deus pode nos regenerar.

O homem, quando está maduro, honra, protege e provê o feminino, apesar de a matriarca não precisar, porque está segura em Deus.

E, como dito anteriormente, a matriarca só cuida dos outros quando está bem consigo mesma, e isso é positivo no relacionamento com o homem porque gera um pequeno sentimento de escassez que ativa o instinto de caça nele, e a mulher continua interessante porque não está ultradisponível. A ativação do masculino e do feminino é essencial para que relacionamentos maduros se sustentem.

SOMBRAS DO MASCULINO E DO FEMININO
Já falamos sobre o olhar para fora e o olhar para dentro; sobre os três princípios que geram o relacionamento, que são a verdade, o respeito e o diálogo; sobre as três prioridades de quem pratica os três princípios, que são Deus, eu mesmo e os outros; e sobre a ativação do masculino e do feminino. Dentro desse processo e de todos esses conceitos, é importante identificar quais são as armadilhas, e as armadilhas são as sombras.

QUAIS SÃO AS SOMBRAS DO MASCULINO?
Quando falamos dos três princípios – verdade, respeito e diálogo –, suas três corrupções são: a mentira, que é uma corrupção da verdade e a ausência de prioridade em Deus; a violência, que é uma corrupção do respeito e a ausência da prioridade conosco mesmos, porque a violência sempre começa com nós mesmos, aos nos desrespeitarmos, e depois é projetada nos outros; e a ganância, que é a corrupção do diálogo e a ausência de prioridade e de consideração com as outras pessoas.

Uma sombra muito comum que se manifesta no masculino, quando este se corrompe, é a desconfiança do feminino. Não é porque existem mulheres corrompidas que todas elas o são. Essa desconfiança é infundada. É importante que os homens entendam que, se você encontrar uma matriarca, ela será uma mulher extremamente leal e confiável.

A segunda sombra é a violência, porque somente o covarde faz uso dela. A covardia é uma característica clara de um homem imaturo, com a polaridade invertida e frouxo. Um homem violento é um homem covarde.

A terceira sombra do masculino é a promiscuidade – não só a sexual, mas também a dos sentidos (visão, audição, tato, olfato, paladar). Essa sombra demonstra que o homem é vulgar.

Essas três sombras unificadas caracterizam-se pelo que chamo de "ilusão do harém". O homem vive numa sintonia mental na qual deseja construir um harém, para usufruir dele como um oásis de prazeres infinitos. As mulheres que lá estão são submissas à vontade dele, onde não há nenhum "concorrente" que ele precise confrontar. É nesse lugar que o homem se vulgariza, porque se entrega aos prazeres mundanos, tanto da luxúria, glutonaria, preguiça, entre muitos outros que ele tiver a inclinação para desejar. Ele só vive por prazer, diferentemente do patriarca, que cria um estilo de vida do domínio da fúria, que é o confronto com a dor. O patriarca transcendeu todas as inclinações e tornou-se mestre de si mesmo, com masculinidade madura e sofisticada.

AGORA, QUAIS SÃO AS SOMBRAS DO FEMININO?

A sombra da verdade é a simpatia. Porque simpatia é dizer o que o outro quer ouvir, mesmo que isso não seja verdadeiro para você. É agradar à outra pessoa para ter aceitação social, sentimento de pertencimento. Você fornece o que os outros querem para ser aceita naquele grupo. A simpatia pertence ao reino da mentira.

A segunda sombra é a violência. Uma mulher passa a corromper a prioridade consigo mesma quando entra na tirania, no comando, na crítica e no controle. Essa tirania a desgasta, e ela vive uma vida de dor. Lembra-se de que o feminino é ativado por uma vida de bem-estar? E não de dor? Quando uma mulher vive na dor, ela se torna empoderada, termo muito popular hoje, mas ser feminina é a última coisa que ela é.

Há, ainda, a sombra do feminino na ganância, que são a chantagem e a dramatização. A mulher busca extrair à força, de maneira ardilosa e venenosa, o que quer do outro e das situações. Para isso, vale-se de melodramas ou do sentimentalismo excessivo. Isso é uma alternância de polaridade; na realidade, essa energia é extremamente masculina e violenta.

O somatório dessas três energias de corrupção é o que podemos chamar de "ilusão da princesa". A mulher vive em um mundo que ela mesma inventou, e esse mundo é tão irreal que ela precisa forçar a realidade a se dobrar às suas vontades. Ela não aceita a realidade como é e tenta forçar a vida a se adequar à sua fantasia.

A ilusão do harém masculino consiste, basicamente, na crença de que o homem nunca será feliz com uma mulher só. Todo homem imaturo acredita nisso, o que o leva a se comportar de maneira promíscua. O homem imaturo acredita que precisa, ao mesmo tempo, de uma amante (para se satisfazer sexualmente), de uma namorada (divertida, que não faz cobranças e com quem ele pode passar o tempo) e de uma amiga (uma mulher sábia, como uma tia ou avó, a quem pede conselhos). Ele não sabe ou ignora que uma mulher só pode entregar todas essas necessidades de admiração masculina. Em um matrimônio, o marido deve aprender a se satisfazer unicamente com sua mulher para todas as qualidades femininas, pois uma mulher verdadeiramente pode atender a todas essas necessidades. A mulher imatura vive uma ilusão oposta, que é a da princesa, como dito anteriormente. Ela é viciada em "gostar de gostar" de alguém. Não se relaciona com o homem, mas com a ideia que criou desse homem, e é exatamente por isso que muitas mulheres se frustram tanto em relacionamentos. Ela se apaixona porque gosta de se apaixonar, não pelo que o homem é de fato. Ela gosta de como ela se sente quando tem alguém na vida. No início, acredita que ele é perfeito, que é o homem da vida dela, e se entrega perdida e apaixonadamente. Esse homem, por sua vez, se sente sufocado e se retrai cada vez mais, pois não consegue ver coerência na quantidade de afeto recebido com seu esforço investido. Então, a mulher começa a perceber que ele não é nada daquilo que ela imaginou, até que chega um ponto em que não consegue mais se sentir bem em gostar desse homem, e é nesse momento que um dos dois vai acabar terminando o relacionamento. O "gostar de gostar" de alguém é um problema muito grave, porque os homens são movidos por admiração e respeito, e, quando a mulher "gosta de gostar" de alguém, não admira o homem pelo que ele é de fato, mas pela fantasia que criou dele.

A MENTE MASCULINA – A ESSÊNCIA DA MASCULINIDADE

O primeiro estágio da masculinidade é a fúria. Ela surge, pela primeira vez, durante a puberdade masculina, quando o menino começa a receber altas doses de testosterona na corrente sanguínea, o que muda drasticamente sua fisiologia e sua personalidade, tornando-o muito mais impulsivo e explosivo. Mesmo os homens mais introspectivos sentem essa fúria como algo indomável, e alguns têm o instinto de querer brigar ou entrar em conflito. Isso é algo muito distante da realidade feminina, e é por isso que a maioria das mulheres não entende essa fúria, essência da masculinidade.

É importante compreender as rotinas clássicas de ativação de fúria, porque muitos homens sentem que sua fúria está apagada, ou sua polaridade invertida. Como vimos, todo homem com a polaridade invertida está no feminino; então, ele vai precisar ativar a masculinidade, e o primeiro passo se dá pela ativação de fúria. Esse é um indicativo de que o homem está saudável – ele precisa ser furioso.

Quero que você aprenda como um homem com a fúria apagada ou a polarização invertida faz para ativá-la. É para isso que servem as rotinas clássicas de ativação de fúria, que ensino a todos os meus alunos.

Um dos desafios é o grito de guerra diário. A voz está conectada à energia sexual masculina, que é uma energia de conquista e domínio. Toda tribo ancestral e todo grupo de guerreiros tinham gritos bélicos que os unificavam. O grito bélico diário é uma rotina de ativação de fúria, porque os homens que estão com a feminilidade ativa e a masculinidade desligada terão muita dificuldade no domínio da fala. Precisam fortalecer a capacidade de oratória e de honra por intermédio da fala e do compromisso verbal, e é o grito bélico diário que atua nesse processo.

O segundo elemento que ativa a fúria dos homens é deixar de consumir pornografia, a qual dessensibiliza o cérebro masculino para as formas físicas femininas. Antigamente, era muito difícil um homem conseguir ver uma mulher nua, e essa tensão sexual o fazia buscar ser melhor, mais forte, admirável ou obter mais conquistas. Hoje, basta acessar *sites* de pornografia pelo celular e, em menos de trinta segundos, de maneira gratuita, ele consegue destruir a própria masculinidade.

O terceiro ponto tem a ver com a masturbação, que, se excessiva, reduz a testosterona sérica, que é aquela que circula no sangue. Essa redução acontece em, no máximo, sete dias; depois desse período, é importante que o homem tenha ao menos uma ejaculação para continuar a produzir esperma e testosterona. Isso é saudável e comprovado cientificamente, porque tudo que não usamos no corpo começa a atrofiar e a "desligar". Meu protocolo de ativação de fúria para homens é a redução dos orgasmos a um por semana, se estiver sozinho; caso esteja acompanhado da parceira, não há limites, porque a testosterona se eleva quando a prática sexual é feita a dois. O problema é a masturbação como prática corriqueira.

O quarto ponto é a convivência com homens honrados, que têm palavra e reputação. Em geral, esses homens estão em posições de liderança na sociedade e servem de modelo a ser seguido.

O quinto ponto é eliminar da rotina jogos não produtivos, como videogames, jogos de celular e qualquer outro tipo que não gere benefícios ao estilo de vida, a longo prazo.

O sexto ponto é reduzir drasticamente o uso de redes sociais, de preferência somente para estudo.

O sétimo ponto é a redução drástica ou a eliminação do consumo de álcool, do tabagismo e do uso de drogas, se estiverem presentes. As drogas ilícitas, em especial, destroem a masculinidade, a testosterona, a acuidade mental e o raciocínio lógico. O álcool deve ser cortado principalmente se houver predisposição ao vício; se esse não for o caso, basta pensar: "Não devo beber a ponto de minha personalidade mudar e minha capacidade de tomar decisões ser afetada". Já o cigarro, apesar de ter efeito calmante, é extremamente nocivo pela quantidade de toxinas presentes.

No oitavo e último ponto oriento que é preciso aprender a controlar os custos, reduzindo gastos com luxo e itens desnecessários, para que sobre dinheiro para a sobrevivência. Patriarcas sabem poupar e economizar recursos; essa atitude os faz exalar autoconfiança, e é atributo de todo homem seguro. E, ainda mais, eles aprendem a multiplicar suas receitas, que é o mais poderoso passo após o controle das despesas.

Em suma, a rotina clássica da ativação de fúria envolve ir à luta todos os dias e fazer de tudo para vencer, aceitando que a vida, para o homem, é um combate. Assim, ele passa a ser cada vez mais resiliente, de modo a vencer a guerra da vida, prosperar e, então, poder defender os filhos e a esposa. É assim que ele se torna patriarca.

OS QUATRO ESTÁGIOS DO DOMÍNIO DA FÚRIA

O domínio da fúria divide-se em quatro estágios:

- **DOMÍNIO DA FÚRIA FÍSICA:** o homem desenvolve força e disciplina, o que possibilita que se sustente financeiramente. O homem então prospera minimamente sobre as necessidades de sobrevivência.
- **DOMÍNIO DA FÚRIA EMOCIONAL:** o homem tem alto domínio da ambição e iniciativa, capacidade de trabalho e produtividade, o que faz aumentar o domínio da matéria, e a prosperidade cresce, gerando mais valor social, o que lhe acarreta receber mais valor do que apenas as necessidades de sobrevivência. Começa a sobrar, e os primeiros patrimônios são adquiridos.
- **DOMÍNIO DA FÚRIA INTELECTUAL:** trata-se do domínio da energia mental; o homem desenvolve a capacidade de liderança, razão, de prosperidade e de prestígio, para gerar recursos abundantes, muito mais do que as necessidades de sobrevivência. Como recursos não são mais um problema, ele começa a transbordar prosperidade para auxiliar na necessidade de sobrevivência e dignidade de outras pessoas. Aqui o homem se torna rico.

- **DOMÍNIO DA FÚRIA ESPIRITUAL:** o estágio de maturidade do patriarca é ter um propósito, um legado, um discernimento espiritual. O homem direciona sua fúria a um propósito. Sua motivação-base passa a ser esse domínio da fúria e essa admiração, que vêm de Deus. A prosperidade é direcionada para a construção de um legado geracional; não necessariamente tem a ver mais com dinheiro, mas sim com uma herança espiritual.

O homem tende a se desenvolver de maneira linear. Primeiro, domina a matéria, depois as emoções, a intelectualidade, e, por fim, a espiritualidade. Essas etapas tendem a acontecer com o domínio e a sofisticação da fúria, que só o patriarca realmente tem.

HONRA – A SOFISTICAÇÃO DA FÚRIA

Agora, vamos conhecer o estágio do patriarca no qual o homem dominou a fúria a tal ponto que a aprimorou, transformando-a em honra.

A sofisticação da fúria é a virtude da honra. Quando a honra se torna sofisticada e está sob total domínio do homem, transforma-se no estado mais elevado da fúria. Isso faz que ele adquira grande poder de manifestação de resultados, pois os resultados nascem do poder de sua palavra, a qual advém de sua reputação, que, por sua vez, é fruto de sua coerência social e comportamental.

O homem honrado nunca mente, omite ou trai. Tem uma aliança com a verdade, e sua fúria serve à verdade de Deus. Seu objetivo é a construção de um legado que possa facilitar a jornada das gerações que virão depois da dele.

O homem honrado é o que chamo de "patriarca"; ele exala autoconfiança e poder, ao mesmo tempo que é humilde, pois sabe o que é o amor – aceitar os fatos como são, sem esperar que mudem, e dar o seu melhor.

ROTINAS CLÁSSICAS DE HONRA

O estilo de vida do patriarca é centrado na ativação e no domínio da fúria e da honra. Como vimos, ele *nunca mente ou omite*, o que o torna um homem extremamente tranquilo e sereno.

Ele *nunca trai*, porque trair é deixar de cumprir a palavra. Desse modo, ele nunca trai a própria palavra, *deixando de cumprir algo que prometeu*.

Ele também está disposto a *dar a vida por um propósito maior*. Entende o que significa honra e sacrifício.

Além disso, *provê e protege a família*. É o escudo protetor, a muralha que protege os entes queridos, que permite que a esposa ou as filhas sejam matriarcas, porque elas relaxam sob a masculinidade dele e permitem-se ser femininas, uma vez que gozam de proteção.

O patriarca *respeita e honra o feminino* porque enxerga beleza na feminilidade, a qual complementa sua masculinidade.

Ele *sempre mantém coerência entre ações, falas, pensamentos e intenções*. Por isso, se em algum momento erra, ele rapidamente faz uma reforma íntima e corrige o comportamento equivocado, sem gerar mais danos, porque pratica a humildade.

INSTINTOS MASCULINOS

A mulher que entende os instintos masculinos consegue ativá-los ou usá-los em seu favor. Esse é um dos grandes segredos para manter um relacionamento de longo prazo.

Os principais instintos masculinos são, basicamente, conquista do desconhecido e territorialidade.

O homem, em todos os níveis de maturidade, seja o "macho por instinto" – primeiro nível de maturidade masculina –, o homem adulto ou um patriarca, tem esse instinto muito definido. Trata-se do instinto de caça ou de conquista do desconhecido, após o qual vêm o instinto de território e o de domínio.

Em essência, os instintos acontecem automaticamente, sem o aval do homem, e, por esse motivo, são inconscientes e compulsivos. Isso significa que homens mais maduros são menos dominados pelo instinto que homens imaturos, porque têm consciência deles.

A matriarca que usa a SAA consegue ativar no patriarca o instinto de conquista e territorialidade. Isso traz a ele imensa satisfação, a qual uma mulher que não domina a SAA não consegue proporcionar. É muito importante entender que, quando os homens – seja aquele por instinto, o adulto ou o patriarca – estão no polo masculino, têm ativados os instintos de conquista e de território.

MOTIVAÇÕES MASCULINAS

Primárias

As motivações masculinas primárias são formas de admiração e respeito. Os homens costumam tomar atitudes para que outras pessoas os admirem. Existem quatro tipos de admiração que motivam os homens a agir, levando-os a aprimorar a própria vida:

- **SENSUALIDADE:** é a admiração material, pelo senso estético do feminino, incluindo a beleza física. Essa motivação está representada na mulher "fêmea".

- **ROMANCE/DIVERSÃO:** trata-se da admiração emocional, que relaxa e traz tranquilidade ao homem. Essa motivação está representada na mulher com que ele namora, que lhe é especial.
- **CUIDADO MATERNAL:** é a admiração intelectual por aquilo que o homem é. A mulher que cuida dele no momento em que ele "quebra" e tem uma crise existencial, provendo-lhe cuidados maternais, é a mulher sagrada, que vive em Deus, e aquela que ele quer ter como esposa.
- **CONSELHO:** é a admiração espiritual vista como conselho, mas apenas quando o homem pede. Essa motivação está representada na mulher sábia, que entende Deus e o homem.

Como vimos, todas as motivações primárias do homem são formas de admiração. A dificuldade das mulheres é identificar o tipo de admiração que o homem busca em determinado momento; por isso, é importante que elas estejam presentes e observem.

Secundárias

Por trás das motivações primárias existem as secundárias:

- **MISTÉRIO:** trata-se daquilo que o homem não entende, mas quer conquistar. O mistério desperta o instinto de caça e território.
- **AMBIGUIDADE:** é algo que o homem não entende, mas quer entender.
- **BELEZA/SENSIBILIDADE:** é algo que o homem não compreende, mas quer sentir. A essência do feminino é a sensibilidade.

Essas três motivações dão a tônica do relacionamento no matrimônio sagrado. Mantêm um homem apaixonado, amando a mulher até o último dia de vida.

A SUTIL ARTE DE ATRAIR

A MENTE FEMININA – A ESSÊNCIA DA FEMINILIDADE

Estágio 1 – Sensibilidade

A feminilidade gira em torno da sensibilidade, que se revela na capacidade de perceber o ambiente em que se está, sentindo desde fatos mais marcantes a pequenos sinais.

A sensibilidade surge durante a puberdade, fase em que o estrogênio e a progesterona começam a ser produzidos e a menina começa a se tornar mulher. Esses hormônios contribuem para mudar sua fisiologia e sua psicologia. É o desabrochar natural de uma nova fase potencial.

O contraste com o estado infantil anterior é que a menina passa a perceber pequenas mudanças nos relacionamentos e no que acontece em volta. Essas mudanças incluem:

- mais sensibilidade aos sentimentos alheios;
- maior sensação de medo e busca de segurança e proteção;
- impulso de querer agradar e pertencer (à família, ao grupo, às amigas etc.);
- priorização da fala como forma de resolução de problemas.

ROTINAS CLÁSSICAS DE ATIVAÇÃO DA SENSIBILIDADE

Para ativar a sensibilidade feminina, que é a base das matriarcas, ensino protocolos de ativação da feminilidade que toda mulher precisa praticar:

- eliminar o sentimento de competição;
- eliminar brigas e combates;
- parar de querer estar sempre certa;
- elogiar mais (sempre com sinceridade);

- buscar conselhos com mulheres mais velhas e mais sábias;
- parar de enxergar os homens como inimigos e vê-los como aliados;
- estudar relacionamentos para entender de que se trata a feminilidade;
- sair de ambientes tóxicos e desorganizados;
- cortar relações tóxicas e caóticas, que tendem ao masculino bélico;
- perdoar os pais e agradecer a eles, não importa o papel que tiveram em sua vida.

Estágio 2 – Afeto direcionado

Agora vamos entender o florescimento da sensibilidade no segundo estágio da feminilidade.

O afeto direcionado é a qualidade da sensibilidade da mulher adulta. Ela já aprendeu a controlá-lo e sabe que para cada ambiente há um nível diferente e mais adequado de sensibilidade.

A mulher adulta não é histérica nem emocional demais. Aprendeu a dominar as emoções e a racionalidade até certo ponto, por isso tende a ter sucesso no mercado de trabalho, em que enfatiza mais a energia masculina.

O ponto de contraste é que ela precisa aprender a se voltar para a energia feminina na vida pessoal, de modo que possa vivenciar alegria e felicidade como mulher.

Para que consiga desenvolver a sensibilidade em afeto direcionado – característica da mulher adulta, também dotada de magnetismo –, ela precisa resolver os assuntos referentes à sensibilidade e contar com certa capacitação no uso da lógica racional, que é a linguagem preferida dos homens.

Para que a sensibilidade seja refinada em afeto direcionado, é preciso praticar rotinas clássicas de autocuidado, que nada mais são que um direcionamento do afeto.

ROTINAS CLÁSSICAS DE DIRECIONAMENTO DO AFETO
- Sair com pessoas de quem gosta.
- Cultivar o silêncio/retiro.
- Eliminar influências tóxicas.
- Presentear-se/mimar-se.
- Comer em algum lugar de que gosta.
- Ter uma rotina equilibrada de exercícios, não muito exagerada nem omissa.
- Comer com o principal objetivo de se nutrir, mas sem perder o prazer.
- Ler um livro leve e divertido.
- Assistir a séries de que gosta e gerem algum aprendizado.
- Estudar relacionamentos, para evitar agir por instinto.
- Eliminar relacionamentos tóxicos e negativos.

Estágio 3 – O Sagrado

O Sagrado é o domínio da matriarca. Isso acontece quando ela direciona o afeto primeiro para Deus, o que faz que receba de volta algo que sempre esteve presente, mas não percebia – o amor imerecido de Deus, que independe do que ela faz ou deixa de fazer. Isso é amor incondicional, isso é o Sagrado.

Isso traz uma conexão íntima com Deus e profunda segurança espiritual, em que a mulher deixa de pertencer ao mundo e agora foca no que é eterno. Assim, ela reflete esse amor de Deus como amor-próprio, pois descobre que não podia criar o amor, apenas refleti-lo. Então ela demonstra esse amor em rotinas de autocuidado, colocando Deus em primeiro lugar, e ela em segundo. Essa mulher torna-se feliz e saudável, e, apesar de atrair muito a atenção masculina, por ser extremamente feminina, não precisa se manter em um relacionamento para se sentir "completa".

O desafio final que a consagra como matriarca é entender como os homens são, pensam e agem e, assim, aprender a distinguir o homem feminino do macho caçador, do homem adulto e do patriarca. Quando detecta o patriarca, ela escolhe ter um relacionamento não por necessidade, mas pelo desejo de partilhar a vida com um homem de tão alto valor e honra.

ROTINAS CLÁSSICAS DO SAGRADO

Para uma mulher alcançar o Sagrado, existem algumas rotinas clássicas que sempre ensino às minhas alunas:
- conectar-se com Deus e servir a Ele;
- orar diariamente (a oração é uma energia feminina);
- ler algum livro sagrado de sua fé;
- estudar filosofia clássica, que é a busca pela verdade;
- permanecer mais tempo em contato com a natureza, o que ativa o Sagrado na mulher;
- meditar (a meditação é uma das energias femininas mais sofisticadas que existem);
- congregar: ir ao culto, à missa, ao templo etc.;
- praticar ioga (trata-se de uma prática de meditação ativa);
- brincar com crianças e/ou animais de estimação;
- praticar qualquer atividade que a faça se sentir incondicionalmente amada por Deus.

INSTINTO FEMININO

Pelo fato de a essência da feminilidade estar na sensibilidade, as mulheres têm dois instintos de pulsão, que são, sempre que possível, socializar e agradar.

Por serem pulsões inconscientes e automáticas, essas atitudes são próprias de mulheres que agem de maneira impulsiva e sempre buscam a solução fora delas, não dentro. A matriarca é a mulher que aprendeu a controlar os instintos e os transcende, e agora consegue ficar bem tanto sozinha quanto acompanhada, porque busca a segurança em Deus. Isso é solitude.

Os passos para o amadurecimento tanto do homem quanto da mulher perfazem o caminho de domínio de transcendência dos instintos. Os homens precisam aprender a socializar, compartilhar e cooperar, e o instinto masculino se frutifica por intermédio da virtude da honra e da compaixão. As mulheres, por sua vez, precisam aprender a desenvolver uma individualidade saudável, que se manifesta por intermédio da solitude. Trata-se de caminhos opostos e complementares, mas tanto o homem quanto a mulher precisam aprender a dominar e transcender os instintos, para que o nível de maturidade aumente e se aprofunde.

MOTIVAÇÕES FEMININAS

Primárias

A motivação feminina primária é a *segurança*. Toda mulher busca segurança em sua feminilidade, e tudo que faz visa garantir a estabilidade.

Existem quatro tipos de segurança que alimentam as mulheres e as motivam:

- **RECURSOS:** refere-se à segurança material. A mulher vai buscar o elemento material que mais faltou na história de vida dela. Ela pode desejar dinheiro, fama, *status*, beleza, um corpo tonificado, entre outras coisas. Os atributos físicos também são recursos e trazem segurança material, que, em geral, se obtém por intermédio de um relacionamento; no entanto, o sentimento de segurança adquirido dessa maneira é limitado.

- **INICIATIVA:** a iniciativa para buscar recursos refere-se à segurança emocional, que traz segurança pelo potencial de provimento. A energia masculina da iniciativa está presente no homem que trabalha e pode cumprir o papel de provedor, altamente desejado pela alma feminina. Esse é o homem "de uniforme", tão presente nas fantasias sexuais femininas.
- **RESPOSTAS PATERNAIS:** durante as crises, a mulher quer sentir segurança intelectual, e isso vem por meio das respostas paternais. Durante um surto, ou um desabafo, quando ela acredita que tudo vai dar errado e se sente extremamente sensibilizada e desprotegida, esse tipo de segurança a acalma, como um pai o faria. Esse é o papel que todo homem adulto cumpre quando a parceira está vulnerável, em um momento de hipersensibilidade.
- **PROPÓSITO:** é o principal motivador feminino em nível espiritual. Esse é o espírito da liderança masculina. O homem sempre dá um passo à frente e assume o compromisso de proteger, prover e se sacrificar pela mulher e pela futura família. Isso a acalma e possibilita que ela seja verdadeiramente feminina.

A mulher pode buscar a segurança espiritual em Deus. Se assim o fizer, conseguirá ser feminina mesmo fora de um relacionamento. Vale ressaltar que, quando o homem é líder, ele simplesmente manifesta um propósito que Deus lhe enviou. Esse comportamento é o que o torna tão atraente aos olhos femininos; em outras palavras: não é o homem em si, mas Deus agindo nele.

Secundárias

As motivações secundárias femininas também estão vinculadas à garantia de segurança. São elas:

- **AUTOCONFIANÇA/FIRMEZA MASCULINA:** geram segurança pela simples presença.
- **INTELIGÊNCIA LÓGICA:** gera segurança pela transparência de raciocínio.
- **FÉ:** o homem de fé gera segurança pela certeza que transmite. Ter honra equivale a ter fé num compromisso firmado. Um homem de palavra transmite segurança pela certeza de suas atitudes.

Enfim, tanto as motivações primárias quanto as secundárias referem-se ao estado de segurança. Como vimos, todas elas se manifestam na vida e no cotidiano da mulher.

OS QUATRO ESTÁGIOS DO DIRECIONAMENTO DA SENSIBILIDADE

Assim como no domínio da fúria masculina, a feminilidade se desenvolve em quatro estágios. No entanto, há uma grande diferença no desenvolvimento das maturidades masculina e feminina.

Os homens se desenvolvem linearmente em quatro estágios, um após o outro. Já as mulheres também se desenvolvem em quatro estágios, mas todos ocorrem ao mesmo tempo, e também com uma ordem, e elas estão sempre na observância desses quatro paradigmas do direcionamento da sensibilidade.

- **DOMÍNIO DA SENSIBILIDADE ESPIRITUAL:** trata-se do desenvolvimento feminino que acontece por intermédio da capacidade de aconselhamento e de discernimento espiritual, ou graciosidade. A mulher vê o propósito dos homens com os quais interage, sobretudo o do marido. Isso desenvolve senso estético socioespiritual, no qual ela consegue trazer leveza porque a vida é regida por Deus, compreendendo que tudo que acontece é justo na maneira como acontece. Nesse domínio, nasce o discernimento de que a mulher só consegue cuidar dos outros no mesmo nível em que cuida de si mesma. Além disso, aprimora-se o discernimento espiritual de limites, de modo que a mulher sabe quando tem de avançar e quando tem de retroceder.

- **DOMÍNIO DA SENSIBILIDADE INTELECTUAL:** trata-se de uma curiosidade intelectual, extremamente magnética aos homens, ou podemos chamar de "elegância". Nesse domínio, a mulher sabe fazer perguntas inteligentes, o que traz senso estético das ideias. Ela também tem um poder de apaziguar conflitos e atuar com diplomacia. O domínio da intelectualidade permeia todos os paradigmas femininos e é uma forma de sensibilidade florescida e frutificada no Sagrado, que é o mais elevado.

- **DOMÍNIO DA SENSIBILIDADE EMOCIONAL:** é a delicadeza e leveza emocional, a diversão, o romance e o senso estético das emoções. A capacidade de cura e o acolhimento maternal estão aqui. A mulher sabe quais emoções são harmônicas e quais se adaptam melhor a ambientes e pessoas específicas.

- **DOMÍNIO DA SENSIBILIDADE MATERIAL:** abrange a beleza física, a sensualidade e o senso estético da mulher sobre si mesma e sobre as coisas nos ambientes em que atua. Esse é a gestão de recursos com o fim do belo, o papel de mantenedora e de gestora que a mulher de Provérbios 31 representa.

Quando a mulher une as questões estéticas e materiais internas – o autocuidado e a graciosidade nos comportamentos emocionais – ao senso estético intelectual e da compaixão do amor altruísta e da visão de propósitos, ela se torna matriarca, uma vez que dominou, com mestria, a sensibilidade e a transformou em devoção ao Sagrado tanto no espiritual quanto na matéria. Ela é instrumento de Deus para irradiar beleza e luz não só para a espécie humana, mas também para toda a Terra.

GLOSSÁRIO DO RELACIONAR

FÚRIA E SENSIBILIDADE: a fúria é a essência da masculinidade; todo homem masculino é composto de fúria. Quanto mais fúria ele tem, mais masculino é. A sensibilidade, por sua vez, é a essência da feminilidade. Quanto mais sensibilidade a mulher tem, mais feminina é.

HOMEM "CAÇADOR": é o homem imaturo, masculino e com fúria, mas ainda preso ao instinto de caça e de território. Ele não tem honra, não cumpre o que promete e não tem autodomínio. Faz de tudo para conseguir sua "caça", que é o sexo.

HOMEM FROUXO: é o homem imaturo, sem fúria e prosperidade, emocional, repleto de vícios, dramatizações e atitudes infantis. Esse homem não consegue prover nem proteger porque sua polaridade está invertida, o que gera insegurança em toda mulher.

ILUSÃO DA PRINCESA: é a crença feminina na fantasia de "gostar de gostar" de alguém. A mulher se apaixona pela ideia que tem de um príncipe, não pelo homem que está diante de si. Isso a leva a ignorar desalinhamentos e a fazer de tudo para que o relacionamento dê certo, de modo a manter o estado apaixonado que fantasiou. Essa ilusão é o passo certo para o fracasso e para a ruína do relacionamento.

ILUSÃO DO HARÉM: é a crença masculina de que o homem nunca vai ser feliz com uma única mulher, o que desperta nele o instinto de promiscuidade.

MATRIARCA: é a mulher madura que dominou a sensibilidade em si mesma e ativou os três pilares do Sagrado, do amor-próprio e da compreensão da mente masculina.

MENININHA ZEN/DONZELA: é o tipo de matriarca dotada da virtude da tranquilidade como elemento central da relação. A donzela também é um tipo de matriarca, mas com a virtude da beleza e do senso estético como elemento central do relacionamento.

PATRIARCA: é o homem maduro, que dominou a fúria em si mesmo e ativou os três pilares da honra com Deus, do autodomínio da fúria e da compreensão da mente feminina.

ROTINAS DE AUTOCUIDADO E ROTINAS SAGRADAS: são pilares de ativação da sensibilidade, para que a mulher possa amadurecer e alcançar o nível mais alto possível de maturidade. As rotinas de autocuidado são um dos pilares da ativação da sensibilidade feminina no nível do amor-próprio. Já as rotinas sagradas são um dos pilares da ativação da sensibilidade do Sagrado no feminino, exclusivo das matriarcas.

ROTINAS DE AUTODOMÍNIO E HONRA: são estágios de desenvolvimento e de domínio da fúria interior do homem; são um dos pilares de ativação e domínio da fúria do masculino; são um estágio intermediário. Honra é o nível mais sofisticado e elevado de domínio da fúria no masculino, exclusivo do patriarca.

SAA: sutil arte de atrair. São técnicas matriarcais para atrair a atenção masculina.

VESTIBULAR DOS QUATRO PILARES: trata-se de um processo de triagem de pretendentes para pessoas solteiras, bem como um processo de diagnóstico de alinhamento para casais. O primeiro pilar são os valores similares – que consistem em fé, valores ético-políticos e valores morais, os quais abrangem o papel do homem e o da mulher em um relacionamento. O segundo pilar são os sonhos compartilháveis, que se dão quando se visualiza onde se deseja estar daqui a trinta anos, por exemplo. O terceiro pilar são as rotinas sincronizáveis, composto de período de tempo juntos, período de tempo separados, *hobbies*, compromissos e distância em que o casal está. O quarto pilar é o da atração, composto da consciência da saúde – casais com consciência de saúde diferentes não permanecem juntos; esse é o primeiro valor da atração. O segundo é a personalidade, que existe quando a mulher se sente atraída pela personalidade do homem. O ideal é que a personalidade de um seja oposta à do outro e, portanto, complementares. Já o terceiro valor do pilar da atração é a química.

PARTE 2

AS TÉCNICAS

Com esses conceitos agora bem estabelecidos podemos entrar na parte prática deste livro, que são as técnicas em si da sutil arte de atrair. É muito importante compreender que essas técnicas são frutos de uma preparação contextual, tanto interna da mulher como de sua consciência social no ambiente em que está inserida e irá utilizar as técnicas.

Cada técnica tem um efeito maior ou menor, dependendo do ambiente em que é utilizada, assim como do estado interno de preparação dessa mulher nas rotinas sagradas e rotinas de autocuidado.

Se a feminilidade ainda estiver frágil em você, as técnicas terão poder parcial ou nulo. Se a feminilidade estiver forte, mas não surtir efeitos desejados, podem ser dois casos: ou o homem é compromissado e tem fortes valores éticos, ou é um homem frouxo e feminilizado na sombra. Ambos os casos são indesejados, e serão abordados ao longo ainda deste livro em capítulos posteriores; então veja ainda a ausência de efeitos esperados também como resultados positivos ou até mesmo um livramento.

CAPÍTULO 4

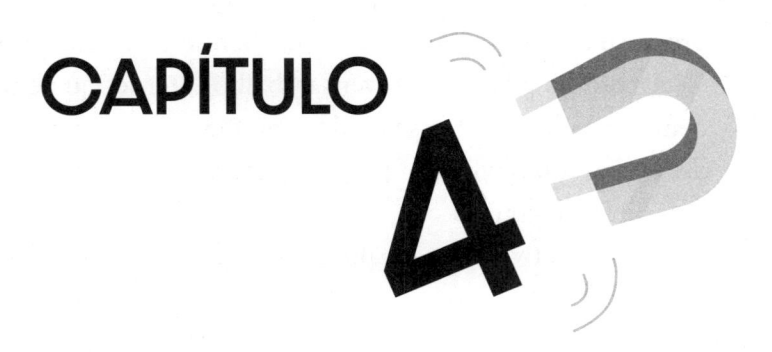

NO DIA A DIA
Cuide de si mesma

"Quem olha para fora, sonha; quem olha para dentro, desperta."

Carl Jung, psicanalista

Uma das técnicas básicas da SAA reflete-se no comportamento no dia a dia, que costumo chamar "rotina de autocuidado". A mulher, então, reflete em si mesma o amor que recebe de Deus, e isso se manifesta em pequenos atos de autocuidado. Qualquer coisa que fizer e que lhe traga bem-estar, proporcionando alegria e bem-estar, pode ser considerada de autocuidado.

Esse é um dos pilares de ativação da feminilidade, em concomitância com as rotinas sagradas. Quando os dois pilares são praticados simultaneamente, a autoimagem da mulher começa a se elevar, levando ao aumento da autoestima.

Quanto mais a mulher pratica o autocuidado, mais protegida está de homens frouxos e mais ativa está a feminilidade, possibilitando o processo de preparação para atrair um homem masculino.

Ambos os pilares envolvem trabalho interno, que é o olhar para dentro e para cima. Desse modo, a mulher ativa a própria feminilidade, o que, como vimos, a prepara para receber homens que estão na polaridade adequada.

Algumas atividades que podem compor sua rotina de autocuidado são:

- Tomar sol
- Fazer exercícios ou esporte
- Pintar as unhas
- Passar creme no rosto ou no corpo
- Fazer massagem
- Ler um livro de ficção ou de autoconhecimento
- Fazer terapia
- Ir ao salão de beleza
- Ouvir músicas que lhe façam bem
- Contemplar a natureza
- Caminhar no parque ou ao ar livre
- Tomar um chá à noite
- Tomar um banho relaxante ou de banheira

Ou seja, qualquer atividade que lhe traga bem-estar, leveza, tranquilidade e relaxamento. Cuidado para não confundir esse momento de interiorização com socialização ou ficar mexendo nas redes sociais, assistir a séries, jogar jogos no celular ou receber estímulos que trazem certo prazer, mas que não geram os efeitos de alívio de pressão que as atividades de autocuidado geram.

NO DIA A DIA
Desenvolva o gosto por cuidar de plantas e animais

"*A compaixão pelos animais está intimamente ligada à bondade de caráter.*"

ARTHUR SCHOPENHAUER, filósofo

O gosto pelo cuidado de plantas e animais é uma técnica poderosa que ativa a SAA, uma vez que recarrega as energias da mulher. Ao entrar em contato com a natureza, ocorre uma troca iônica no campo eletromagnético, fazendo a mulher sentir bem-estar.

Isso a leva a ativar a sensibilidade e o senso estético. A própria atividade de cuidar de plantas e animais nutre a vida e conecta a mulher ao Sagrado, ao voltar o olhar a seres mais vulneráveis que ela. Uma vez que ativa a feminilidade, essa rotina é considerada sagrada.

Para mulheres ainda sem filhos, essa técnica tem ainda mais importância, porque ativa seu instinto maternal, que se dedica a cuidar, proteger e gerar bem-estar a uma vida, o que retorna a ela como um bem-estar próprio.

Porém, mesmo para mães, essa técnica é poderosa, porque os filhos têm um desenvolvimento humano que os animais não têm e que os torna sempre dependentes de cuidado. Além disso, os animais também auxiliam no desenvolvimento da responsabilidade e muitas vezes até no bem-estar e na diversão dos filhos, o que traz mais leveza para a família também.

Alguns animais conseguem acessar um campo morfogenético de amor que poucos seres humanos conseguem, que é um amor quase que incondicional pelo dono. Isso acontece quando o cachorro abana o rabo, o gato ronrona ou o passarinho canta.

Nesse momento, o amor do animal por você auxilia no despertar recíproco do seu amor por aquele animal, o que vai lhe trazer grande leveza, bem-estar e alegria.

NO DIA A DIA
Embeleze a casa e transforme-a em lar

> *"A mulher sábia edifica o seu lar, mas a insensata com as próprias mãos o derruba."*
>
> Provérbios 14:1, Bíblia

O lar é um dos pilares fundamentais da saúde psíquica feminina. Por isso é muito importante ter um lar construído, em vez de simplesmente uma casa.

O conceito de lar desperta um arquétipo no inconsciente feminino e proporciona uma energia que muitas mulheres não exploram ao deixar de cuidar da casa. Pequenos cuidados bastam para transformar a casa em lar; pode ser uma planta, alguma decoração ou outra opção que leve a mulher a sentir que vive em um lar.

A ativação do lar por intermédio do cultivo do senso estético é importante, porque a alma feminina anseia por segurança. Ao investir no aprimoramento da própria casa, ela projeta energia nesse ambiente, o qual começa a incorporar características da própria mulher. Assim, esse ambiente torna-se símbolo de segurança. Ao cuidar dessa transformação, a maneira como essa mulher se porta no dia a dia muda drasticamente.

Por esse motivo, vale ressaltar: se a mulher deseja ter feminilidade ativa, precisa de um lar energizado, organizado e belo, que também é uma forma de autocuidado. É no lar que ela se sente muito mais segura e estruturada, além de amparada nas tomadas de decisão.

Estas são algumas formas de você harmonizar e embelezar sua casa e de cuidar dela:

- Coloque plantas e flores e cuide delas
- Escolha fotos afetivas e coloque em porta-retratos pela casa
- Busque harmonizar decorações
- Faça um altar de orações e devoção com uma escritura sagrada
- Arrume a bagunça e a desorganização
- Organize os armários
- Separe as roupas por tons de cor no seu guarda-roupa
- Deixe a casa sempre limpa
- Faça uma gestão gentil e eficiente de pessoas que trabalham em sua casa: faxineira, babá, cozinheira, jardineiro etc.
- Mande pintar paredes descascadas, costurar estofados rasgados, arrumar móveis arranhados ou quebrados

Estes são alguns exemplos de como você pode cuidar de sua casa para que ela se torne um lar aconchegante e acolhedor.

NO DIA A DIA
Estabeleça uma rotina sagrada

"Mulher virtuosa, quem a pode achar? O seu valor muito excede o de rubis."

Provérbios 31:10, Bíblia

Esta etapa é essencial na ativação da feminilidade e, consequentemente, no poder de atração. Quando uma mulher estabelece uma rotina para cuidar do Sagrado, conecta-se com o divino e com Deus, priorizando-os. Isso garante a segurança espiritual, que irradia em todas as áreas da vida.

Quanto mais segura a mulher se sentir espiritualmente, mais estabilidade psíquica e material ela obterá. Em poucas palavras, a rotina sagrada é tudo que conecta alguém a algo maior, e pode ser diferente para cada pessoa. As rotinas sagradas clássicas são prática da espiritualidade, oração, meditação e leitura de livros sagrados da própria religião.

Há também maneiras mais heterodoxas de espiritualidade, como passar algum tempo em contato com a natureza, cuidar de animais e crianças, praticar um retiro de silêncio, entre outras. Todas podem ser consideradas parte de uma rotina sagrada, se o objetivo for libertar-se da toxicidade do mundo e conectar-se com algo maior. Quanto mais consistente for a rotina sagrada, mais segura espiritualmente a mulher vai se sentir, transformando-se numa pessoa serena e tranquila, virtudes das matriarcas.

Abaixo estão alguns exemplos de atividades que compõem uma rotina sagrada:

- Orar
- Meditar
- Fazer ioga
- Ler uma escritura sagrada
- Ir à igreja ou a um templo
- Ouvir louvor, cantos gregorianos ou mantras
- Rezar o terço
- Montar um altar devocional em sua casa

- Agradecer antes das refeições
- Escrever em um diário da gratidão
- Fazer uma caminhada devocional
- Jejuar
- Perdoar quem a magoou ou ofendeu no dia
- Pedir perdão ou se perdoar

Essas são atividades espiritualmente seguras que podem compor a sua rotina sagrada.

NO DIA A DIA
Melhore o relacionamento com o espelho

"O que é belo é belo para todos, mas o que é bom é bonito só para quem o é."

Platão, filósofo

Trata-se de uma técnica universal e válida tanto para mulheres quanto para homens, porque a base é a pessoa se aceitar como realmente é.

A melhora no relacionamento com o espelho é muito importante para quem, em algum momento, já sentiu vergonha do próprio corpo ou acreditou em tabus relacionados à parte física e sexual.

É preciso aprender a se ver nu em frente ao espelho, sem nenhum tipo de reação defensiva, julgamento ou autocrítica. Olhar-se em estado de desarme. Esse processo cura uma neurose que se costuma levar para o relacionamento e que muitas vezes faz a mulher se sentir insegura consigo mesma, o que pode acarretar ciúme excessivo, ou até mesmo envergonhada de seu corpo, e afetar seus momentos de intimidade.

Já no caso de a mulher ter confiança exagerada, quando aprecia demais o seu corpo e se olha a todo momento no espelho, admirando suas formas e suas curvas, a técnica é reversa: abster-se de se olhar no espelho e de tirar fotografias.

Essa atitude certamente fará muita diferença no relacionamento, porque reduzirá o aspecto narcisista que você pode estar alimentando dentro de si e que é projetado como egoísmo, controle e manipulação nos relacionamentos.

NO DIA A DIA
Sorria ao se olhar no espelho

"A beleza de uma mulher não está nas roupas que ela veste, nem no corpo que ela possui, ou na maneira como ela penteia o cabelo. A beleza de uma mulher deve ser vista em seus olhos, porque essa é a porta para seu coração, lugar onde o amor reside."

Audrey Hepburn, atriz e humanitária

O ato de sorrir transparece um estado interior de alegria e felicidade. Isso significa que a mulher que aprende a sorrir sem malícia, com inocência, mas ao mesmo tempo com astúcia, tende a ser muito mais atraente que uma mulher carrancuda, que fecha a cara para evitar abordagens indesejadas.

No momento em que se impede a comunicação facial, a interação social é impossibilitada. A mulher que sorri mantém a comunicação e sabe repelir uma interação indesejada de outra maneira, sem perder a postura aberta.

Não tem nada mais antifeminino ou masculinizado que uma mulher de semblante fechado, que certamente vai afastar qualquer tipo de contato e, por fim, gerar apenas solidão.

Uma técnica muito importante para a ativação da feminilidade é reaprender a sorrir com naturalidade, quando o corpo todo transmite a alegria interior. Quando estiver em frente ao espelho, pense na pessoa que ama, olhe nos seus olhos e permita-se sorrir. A prática diária dessa técnica abrirá as janelas para a comunicação, e você poderá ser abordada por várias pessoas.

Existem outras ferramentas para descartar homens que não são bons pretendentes, como por exemplo o vestibular dos quatro pilares, que vou lhe ensinar mais à frente; no entanto, o sorriso deve estar sempre presente. Meu desejo é que o poder de atração que você tem esteja sempre ativo, e o sorriso é uma das ferramentas mais poderosas para isso.

NO DIA A DIA
Pare de se olhar no espelho

"Narciso, apaixonado pela própria imagem, definhou até a morte à beira do lago."

Ovídio, poeta

A técnica de parar de se olhar no espelho é extremamente poderosa, sobretudo se você tem histórico de estar sempre preocupada com a própria imagem ou com a maneira com que os outros a veem em determinados ambientes.

Ela serve para que você reduza a vaidade, o egocentrismo ou a excessiva autocrítica em relação à própria imagem ou beleza. Se você se percebe sempre se olhando ao passar em frente a espelhos ou vitrines, já se trata de uma preocupação excessiva; isso gera ansiedade, autocrítica exagerada e queda na autoestima. Se esse for seu caso, você está em estado de tensão.

O objetivo dessa técnica é fazer que você se torne mais amorosa consigo mesma, aceitando-se do jeito que é. Não existe nada mais atraente que a autenticidade, que nada mais é que aceitar a própria verdade. A partir do momento em que ocorre a autoaceitação, ganha-se poder de mudança: primeiro você se aceita e depois inicia o processo de mudança.

Para as mulheres que não gostam de se olhar no espelho, a técnica é o oposto: você deve se olhar no espelho, bem no fundo dos olhos, até que perca a vergonha e consiga relaxar.

NO DIA A DIA
Procedimentos estéticos que realçam a beleza natural

"A simplicidade é o último grau de sofisticação."

Leonardo da Vinci, polímata

Tome cuidado com os excessos. Maquiagem excessiva, cabelos produzidos além do natural, cílios longos demais, pele bronzeada artificialmente, todos esses processos podem fazer com que a mulher perca seu poder de atração e fique artificial.

A SUTIL ARTE DE ATRAIR

O bronzeado natural, por exemplo, da tonalidade natural à pele, transmite imagem positiva de boa saúde. Caso o procedimento não seja natural, assim como todos os procedimentos estéticos exagerados, tendem à artificialidade e à construção de uma personagem para seduzir, o que não é recomendado para a ativação da feminilidade.

A beleza natural da mulher atrai e acalma os homens, e, quando a mulher está artificial demais, o homem não a olha mais como uma mulher com as características da delicadeza, da graciosidade, da elegância, e passa a olhá-la apenas como um objeto de desejo.

Com a sexualização da mulher na mídia e a revolução sexual, é comum as mulheres acreditarem que precisam usar roupas chamativas ou vulgares, com decotes muito profundos ou que mostrem muito as partes do corpo, e se excederem em procedimentos estéticos por achar que devem inconscientemente competir com outras fêmeas para atrair um macho.

Porém essa mulher irá atrair apenas homens imaturos, que buscam apenas o prazer sexual e que, quando conseguirem seu troféu, buscarão outra mulher para conquistar.

Já a mulher que realça uma beleza de forma natural acaba se destacando das demais e atraindo homens que querem um relacionamento sério, uma mulher graciosa, elegante e delicada ao seu lado. Ele sabe que aquela mulher também será uma boa mãe para seus filhos, porque ela sabe cuidar de si, sabe gerir a beleza em si e ao seu redor e mostra seu autocuidado na dose certa, usando a atração em vez da sedução.

Prefira pintar as unhas de cores não tão chamativas, a não ser que seja para um evento específico, arrume seu cabelo de maneira bela, porém sem chamar tanta atenção, use maquiagem sem carregar a mão para realçar as curvas e cores do seu rosto.

Lucas Scudeler

NO DIA A DIA
Pratique algum tipo de arte

"A arte é a expressão do mais profundo pensamento da forma mais simples."

Albert Einstein, físico teórico

Quando se fala em arte, também se fala em senso estético. A arte desperta naturalmente a sensibilidade e também virtudes ou capacidades metafísicas e espirituais, que levam ao refinamento e à sofisticação da sensibilidade.

Vale lembrar que esse é o caminho para se tornar uma matriarca; desse modo, é natural para ela ter certo domínio da artes. Cada mulher terá senso artístico diferente, que pode ser demonstrado pela música, pela dramaturgia, pela pintura, pela cerâmica, pelo artesanato ou até mesmo por uma disciplina organizacional, na qual a mulher reproduz o senso estético por meio da organização.

Essa técnica é, na realidade, um estilo de vida. Praticar algum tipo de arte envolve o embelezamento das atividades do cotidiano. Do mesmo modo, o refinamento do senso estético da arte reflete-se nos relacionamentos, o que possibilita distinguir o patriarca de outros homens.

A arte pode ser trabalhada no seu dia a dia com você aprendendo uma habilidade artística ou simplesmente sendo uma contempladora da arte, visitando museus, ouvindo música, adquirindo obras para sua casa etc.

Porém prefira as artes mais clássicas, milenares ou centenárias, pois as artes populares atuais tendem a desconstruir a beleza e estimular outros sentimentos mais intensos, que podem trazer euforia, depressão ou indignação.

A SUTIL ARTE DE ATRAIR

NO DIA A DIA
Entenda o que nutre o corpo e cuide da própria alimentação

"Que teu alimento seja teu remédio e que teu remédio seja teu alimento."

Hipócrates, o primeiro médico

Esse é um conhecimento perdido ao longo dos séculos. O feminino matriarcal tinha grande intuição sobre quais alimentos eram nutritivos e alimentavam não só o corpo, mas também a mente e a alma.

Toda matriarca que se preza entende de alimentação e nutrição; essa é uma habilidade ancestral extremamente poderosa, porque uma das qualidades espirituais da matriarca é a nutrição – não só do corpo como também do espírito. Quando a mulher conhece esses princípios nutridores da vida espiritual e física, o matriarcado torna-se mais completo.

Em tempos modernos, o conhecimento matriarcal nutricional é mais valioso que antigamente.

Hoje, diferentemente do passado, o ser humano não tem consciência nutricional, e sua alimentação é deficiente. É por esse motivo que as pessoas adoecem mais. Além disso, há poucas matriarcas com conhecimentos nutricionais que possam gerenciar as decisões alimentares e nutricionais da família.

Quando você colocar esses conhecimentos em prática e passar a tomar decisões nutricionais estratégicas, terá muito mais vitalidade e irradiará beleza, porque, quanto melhor for a qualidade de sua alimentação, mais libido você terá e mais bela se tornará. Além disso, poderá aconselhar quem você ama sobre os benefícios de uma boa alimentação. Tanto física como espiritualmente, essa é a função da mulher: gerar vida.

Para isso, busque reduzir drasticamente e evite ter em casa alimentos industrializados, principalmente os ricos em açúcar e farinha refinada. Opte por alimentos mais naturais ou congelados que passem por processo de industrialização, mas que sejam naturais.

Faça a própria comida, ou seja seletiva nos restaurantes a que você vai no dia a dia; compre marmitas caseiras ou tenha uma pessoa para cozinhar para você.

Independentemente da sua opção, não trate sua alimentação apenas para estimular o prazer do paladar nem como algo que precise apenas ser feito sem prestar atenção nos nutrientes que estão sendo ingeridos.

NO DIA A DIA
Organize o guarda-roupa e harmonize-o, doe roupas e livros antigos

> *"Para que tudo funcione corretamente, cada coisa deve ter o seu lugar e cada lugar deve ter a sua coisa."*
>
> Benjamin Franklin, estadista e inventor

Quando se vive uma vida organizada em ambientes organizados, gera-se também uma organização psíquica. A essência da feminilidade é a sensibilidade, ou seja, a suscetibilidade a tudo que é sensível.

O caos atrapalha a feminilidade; já a ordem a favorece.

Sempre que a mulher quiser ativar a feminilidade, o poder de magnetismo e o de atração, o ato de organizar ambientes também vai gerar harmonia e organização dentro dela.

A SUTIL ARTE DE ATRAIR

Para a ativação da feminilidade, é essencial cuidar da organização do lar e, sobretudo, do guarda-roupa. Um dos maiores obstáculos na vida de uma mulher é o apego, o acúmulo.

Sempre que se sentir estagnada, num processo de confusão e até mesmo depressivo, vale muito a pena organizar os ambientes e o guarda-roupa. Doe tudo aquilo que não tem usado. Não doe o que está rasgado, furado ou que pode ser reaproveitado.

Doe também roupas e utensílios em bom estado de uso, até mesmo novos, que você tenha usado poucas vezes ou que nunca usou.

A intenção espiritual por trás dessa atitude é abrir espaço para o novo. Quanto mais a mulher abre espaço para o novo, mais feminina ela se torna. Isso leva a um estado de desarme, que, aos olhos masculinos, é bastante atraente.

CAPÍTULO 5

O FLERTE A DISTÂNCIA
Pratique o olhar ambíguo

"O mistério cria o desejo."

Grazia Deledda, escritora e Prêmio Nobel de Literatura

Essa é uma das técnicas mais poderosas da SAA. Basicamente, funciona quando se flerta ou se deseja gerar atração a distância.

Não importa onde você esteja; no entanto, é mais eficiente se for em um ambiente de lazer. Crie uma intenção de interesse com o pretendente. Olhe para ele de maneira suave. Deixe-o perceber que você está olhando; em seguida, desvie o olhar suavemente, devagar.

Mantenha essa interação por um tempo, até que ele pare de olhar para você, que deve continuar mantendo a interrupção do contato visual; só então você deve voltar a fixar o olhar no pretendente, com o objetivo de que ele note que você, mais uma vez, está olhando para ele; quando isso acontecer, desvie o olhar novamente.

Agindo nesse vaivém, você envia sinais ambíguos de interesse e desinteresse, e o homem não consegue interpretar de maneira linear se você está ou não interessada. Isso gera forte impressão de ambiguidade na mente masculina, o que leva o homem a se engajar e prestar atenção em você.

Com essa técnica, você ativa o instinto de caça do pretendente e o leva a fixar o pensamento em você. Quanto mais ele pensa em você, mais força você ganha sobre a mente dele. Vale mencionar que essa é uma das bases que serão usadas em quase todos os contextos da SAA, uma vez que ela funciona em sinergia com diversas outras.

O FLERTE A DISTÂNCIA
Mexa nos cabelos

"A mulher que mexe nos cabelos tece seu encanto com gestos suaves e irresistíveis."

Clarice Lispector, escritora

Assim que você tiver conquistado a atenção masculina, é muito importante que mexa nos cabelos, de maneira suave e graciosa, a fim de reter a atenção do homem na direção correta.

O ato de mexer nos cabelos tem muita intimidade e sinergia com a técnica do olhar ambíguo, por duas razões: a primeira é explicada pela neurociência. Sabe-se que as feições femininas "acalmam" os homens, ou seja, ao mexer nos cabelos você atrai o olhar dele, o que acaba por levá-lo a olhar para o seu rosto e também para a sua cabeça.

Ao gerar a sensação de tranquilidade e bem-estar no homem que olha para você, ele obterá uma sensação boa e agradável, algo que todos os homens buscam. É assim que acontece o processo de atração.

A SUTIL ARTE DE ATRAIR

A segunda razão se explica da seguinte maneira: o ímpeto sexual masculino é muito intenso; se você não atrair a atenção do homem para o seu rosto, ele tenderá a percorrer o olhar por seu corpo inteiro.

Dessa forma, ao utilizar as duas técnicas em conjunto, tanto a do olhar ambíguo quanto a de mexer no cabelo, você consegue flertar a distância de maneira bastante magnética, mantendo fixo o olhar do pretendente.

O FLERTE A DISTÂNCIA
Vire o corpo na direção do pretendente

"O corpo feminino é uma obra de arte, cada curva é uma pincelada de graça e mistério."

Auguste Rodin, escultor

No processo de interação de olhar nos olhos e desviar o olhar, com a técnica de mexer nos cabelos quando o homem estiver olhando para você (mas você não estará olhando para ele), é muito importante direcionar o eixo do corpo na direção do pretendente.

Desse modo, por meio da linguagem corporal, entende-se que você dá abertura para que ele a veja de frente e interaja com você, de forma que ele entenda qual é a sua intenção. Como se você estivesse de coração aberto para iniciar uma interação.

Inconscientemente, ele saberá que poderá abordá-la. Mesmo porque, se você estiver com uma postura fechada ou não receptiva, principalmente com os abusos de processos jurídicos de assédio por feministas radicais, mesmo em abordagens masculinas naturais e respeitosas diante de algumas mulheres mal-intencionadas ou amarguradas, muitos homens tomam cuidado redobrado ao abordar mulheres, e alguns deles preferem até mesmo ter sinais bastante claros de que o caminho está aberto.

Então, quanto mais técnicas da sutil arte de atrair você combinar, de forma natural, mais explícita ficará sua intenção sem você ter de se masculinizar e tomar a iniciativa.

Um dos principais poderes da SAA é que, quem está no controle da interação, é quem está atraindo – na grande maioria das vezes, a mulher. Assim, virar o corpo na direção do pretendente, transmitindo a mensagem de que deseja abrir um canal de comunicação, demonstra que você tem interesse nele.

Isso ativa o instinto de caça desse homem, e seu poder de atração vai aumentar um pouco mais, já que você vai marcar sua imagem, sua silhueta e sua energia na mente dele.

O FLERTE A DISTÂNCIA
Aponte o pretendente para uma amiga e sorria

"Quando uma mulher aponta para um homem, é como se ela desenhasse uma linha direta de interesse e curiosidade."

Oscar Wilde, escritor

Caso você tenha utilizado as técnicas anteriores, mas ainda assim o homem não tomou a iniciativa, deve utilizar uma quarta técnica, em conjunto com as outras três.

A SUTIL ARTE DE ATRAIR

Trata-se de uma técnica mais explícita de atração que funciona, sobretudo, com homens mais tímidos. A única pessoa que, além de você e do pretendente, vai perceber a intenção do flerte será a amiga ou outra pessoa que participará dessa interação com você.

É possível que a ausência de iniciativa, nesse caso, seja porque o pretendente tema o risco de rejeição e ele ainda não tenha certeza de seu interesse por ele; no entanto, o instinto de caça já está ativado.

Assim que ele estiver olhando para você, chame uma amiga ou alguém que esteja com você; nesse instante, olhe para ele, aponte e sorria. Ele se sentirá socialmente cobrado a tomar uma iniciativa e a fazer a abordagem; isso acontece porque você construiu um ambiente que o instigue a abordá-la.

Com esse cenário, 95% dos homens, mesmo os tímidos, tenderão a tomar uma iniciativa.

Como vimos, o objetivo é deixar mais explícito ao pretendente que você está interessada nele e, portanto, o caminho está livre para abordá-la, de modo que entenda que, de início, não será rejeitado.

Nesse contexto ele conseguirá concluir, seja por si mesmo, seja por pressão do grupo e dos amigos que o acompanham, que deve tomar a iniciativa.

O FLERTE A DISTÂNCIA
Use vestidos discretos

"Uma mulher que veste um vestido não é apenas uma imagem de elegância, mas uma celebração da feminilidade em toda a sua beleza."

Christian Dior, estilista

Usar vestidos sempre foi uma técnica de atração matriarcal.

Quando a mulher sabe usar vestidos discretos, mas que valorizam a silhueta e marcam levemente o corpo, de modo a criar certo mistério com sua figura, ela consegue aguçar o instinto de caça masculino.

Nunca use roupas vulgares, muito menos vestidos muito curtos ou com decotes que deixem as partes do corpo aparentes demais. O objetivo não é deixar o corpo todo à mostra, mas insinuar as formas físicas e curvas femininas.

Quanto mais natural, leve, simples e básico for o vestido, mais você será favorecida no quesito atração.

O FLERTE A DISTÂNCIA
Peça ajuda para carregar ou levantar algo pesado

"Quando uma mulher pede a um homem para ajudar a carregar um peso, ela confia na sua força e aprecia a colaboração mútua."

Khalil Gibran, poeta e filósofo

Essa é uma das maneiras mais sutis e matriarcais de engajar um homem em uma conversa.

Nesse momento, o objetivo é aproximar o pretendente, e uma das maneiras mais sutis de fazê-lo é pedir ajuda para algo simples, não porque você realmente precisa, mas porque, ao pedir ajuda a um homem, o instinto de masculinidade e potência é ativado, e a fúria aumenta.

Você pode deixar cair algo no chão para que ele se abaixe para pegar, ou pedir que ele pegue algo pesado do chão ou de uma mesa para a ajudar, ou até mesmo mostrar que algo que você esteja carregando está pesado, a fim de que ele se ofereça para carregar para você.

Dessa maneira, a mulher denota sensibilidade, e o homem, potência, e ambas são polaridades opostas e complementares.

Ao pedir ajuda, o homem masculino, o homem adulto ou o patriarca imediatamente vão se prontificar a ajudar. Esse tipo de homem gosta de receber pedidos de ajuda, sobretudo se forem sinceros, demandarem o uso de força muscular ou algo que ele saiba resolver.

Homens apreciam resolver problemas simples, objetivos e práticos do dia a dia, e é por essa razão que eles têm grande dificuldade de ouvir desabafos femininos; portanto, só desabafe com um patriarca, porque é preciso empatia e autodomínio extremo para entender o momento da mulher.

Homens gostam de se sentir úteis. Como vimos, o instinto masculino é de caça e conquista de território. No momento em que a mulher lhe pede ajuda, ele entende esse pedido como um desafio.

Essa "caça" é metafísica; quando ele a obtém, adquire grande "território" e se sente mais homem. Dessa maneira, você desperta os instintos de caça e de conquista de território, estimulando a sensação de mistério e ambiguidade, gatilhos que geram magnetismo.

O FLERTE A DISTÂNCIA
Envie um bilhete anônimo ou apenas com suas iniciais fazendo um elogio

"Um bilhete de uma mulher pode ser mais eloquente que uma carta inteira, carregando em poucas palavras uma infinidade de sentimentos."

Emily Dickinson, poeta

A técnica do bilhete anônimo depende de um contexto bem específico. O mais recomendável é usá-la quando você está flertando a distância em um ambiente com pessoas conhecidas ou caso o pretendente seja alguém com quem tenha certo convívio em algum ambiente.

Escreva um bilhete ao pretendente e faça um pequeno elogio, sincero e verdadeiro. É preciso que o bilhete seja semianônimo, físico ou digital.

Coloque suas iniciais; se enviá-lo por um mensageiro, ele não poderá dizer que foi você quem mandou. Desse modo, você desperta o gatilho do mistério, ativando o instinto de caça em nível máximo.

O pretendente ficará em alto estado de alerta porque saberá que há uma mulher interessada nele naquele ambiente. Nesse instante, não se esqueça das outras técnicas; use-as, e ele vai identificar que é você. Assim, ele tomará a iniciativa.

Vale lembrar que, no flerte a distância, quem domina todo o processo é a mulher. Ao praticar a SAA, você mostrará que é uma matriarca com alto grau de atração magnética.

O FLERTE A DISTÂNCIA
Acaricie algo ou alguém com doçura

"O toque de uma mulher é capaz de curar feridas invisíveis, transmitindo amor e conforto de forma silenciosa."

Rainer Maria Rilke, poeta

Essa técnica é poderosa porque demonstra sensibilidade e feminilidade. Serve para o aprofundamento do interesse do pretendente por você e funciona também para namorados e casados, mas principalmente para solteiros.

Use-a depois de ter engajado o pretendente na interação visual ou em uma conversa, já sabendo que ele está interessado.

Quando a mulher interage com o homem, mas ele ainda não a conhece, ela mostra grande poder de sensibilidade e feminilidade ao acariciar um animal de estimação ou brincar com uma criança, por exemplo.

Atenção: aqui não estamos falando de fazer carícias no pretendente, mas sim em algo inocente como um animal, uma criança ou até mesmo em um casaco de pele.

A reação que esperamos do homem nesse momento é apenas de observação, de modo que, se ele a observar em silêncio, é sinal de que a técnica foi extremamente eficaz. Um dos objetivos é reforçar o processo de atração que já está acontecendo, a fim de dar continuidade a ele.

Com essa técnica, você faz uma demonstração de afeto e sensibilidade, mostrando certo senso de maternidade e de cuidado, algo muito atraente para os homens. A psique masculina é atraída pelo cuidado maternal.

Uma vez que a referência que o homem tem é a mãe, a mulher que cuidou dele, então ele vai buscar o mesmo nível de cuidado em uma mulher que poderá ser sua futura esposa.

O FLERTE A DISTÂNCIA

Peça direção ou opinião sobre algo do local em que vocês estão

"Quando uma mulher pede a opinião de um homem, ela demonstra confiança e respeito, abrindo espaço para o diálogo e a compreensão mútua."

Virginia Woolf, escritora

Quando a mulher deseja flertar a distância, a SAA ensina que é essencial diminuir a distância entre ela e o pretendente escolhido.

Como vimos, o pedido de ajuda é muito vantajoso, uma vez que ativa os instintos de caça no homem. Assim, quando estiver em um ambiente e desejar atrair a atenção de um pretendente, é muito válido pedir ajuda ou algum conselho sobre o ambiente ou algo prático que aconteça naquele espaço.

Uma pergunta muito simples e muito prática já ativa o instinto de proteção masculino e fornece ao pretendente um pequeno problema para resolver. Isso o leva a prestar atenção em você, fazendo-o sentir-se potente e útil. Por exemplo, em uma cafeteria onde o homem está fazendo sua escolha ou aguardando seu pedido no balcão, você perguntar se ele já experimentou tal tipo de capuccino, ou se ele sabe onde fica determinada rua ou local específico.

Lembre-se de buscar sempre estimular o diálogo com uma nova pergunta para que o homem não seja apenas prestativo na sua resposta.

Somando essa técnica às outras apresentadas, você vai conseguir aumentar o grau de sinergia para atrair a atenção desse pretendente.

O ato de pedir ajuda é um convite, uma versão feminina da iniciativa, sem parecer invasão do território masculino.

O FLERTE A DISTÂNCIA
Reforce o batom quando perceber que o pretendente está olhando para você

"Um simples toque de batom pode transformar uma mulher, conferindo-lhe um brilho especial e realçando sua beleza natural."

Coco Chanel, estilista

Essa é uma técnica levemente sensual, então, tome cuidado para você não a sexualizar. A boca é uma zona erógena e faz parte do rosto; isso é vantajoso, porque o objetivo é que o homem olhe para o seu rosto, não para o seu corpo.

Depois de ter usado todas as outras técnicas já citadas, você pode passar um batom ou protetor labial para sensualizar um pouco mais.

O toque de sexualidade é extremamente sutil, porque deve estar em harmonia com o ambiente. Se você estiver numa festa ou num restaurante, o ato de passar protetor labial não vai chamar atenção de ninguém, exceto do homem engajado no flerte.

Garantindo o anonimato nesse processo de atração, você mantém a sutileza, a elegância e a graciosidade.

Se outras pessoas começarem a perceber que você está usando essa técnica, significa que não está se valendo da atração a distância, mas, sim, da sedução, o que vai contra os princípios da SAA.

Em outras palavras: o ato precisa ser sutil, sem que as demais pessoas no ambiente percebam.

O FLERTE A DISTÂNCIA

Passe no campo de visão do pretendente caminhando com charme e sem olhar para ele

"Quando uma mulher anda com charme, ela transforma cada passo em uma dança sutil, deixando um rastro de elegância e mistério."

Sophia Loren, atriz

Essa é mais uma técnica para utilizar em sinergia com todas as anteriores, sobretudo com homens mais tímidos.

Às vezes, mesmo para alguns patriarcas mais introspectivos, é necessário usar uma combinação das técnicas do flerte a distância, para que o homem tenha certa segurança para abordá-la, sabendo que não será rejeitado ao tomar a iniciativa.

Vale lembrar que a SAA traz um conjunto de técnicas matriarcais para uso consciente; logo, não são instintivas.

O ato de caminhar com charme é intuitivo para muitas mulheres e, da mesma maneira, deve ser usado de forma consciente. Passe no campo de visão do pretendente, num caminhar charmoso e elegante, sem olhar para ele.

Você vai perceber que ele vai olhá-la. Vale a pena combinar esse caminhar com outras técnicas, como a de mexer nos cabelos, para que ele também veja seu rosto.

Desse modo, ele conseguirá ver você por completo, o que vai aumentar o interesse dele em abordá-la – certamente, se você estiver usando as técnicas da maneira correta e também se ele não for extremamente tímido.

CAPÍTULO 6

EM CONVERSAS AO VIVO
Dê um leve toque no antebraço do pretendente no momento certo

> *"O toque feminino tem o poder de suavizar os corações mais duros, trazendo calor e conforto aonde quer que vá."*
>
> Audrey Hepburn, atriz e humanitária

Essa técnica deve ser utilizada em um contexto, como quando uma conversa já está em curso e você quer exercer sutil influência e poder de atração sobre o pretendente. Em um momento qualquer, não importa qual dos dois esteja com a palavra (no entanto, a técnica é mais poderosa se for você que estiver falando), toque-o no antebraço de maneira suave e delicada.

Esse é um sinal extremamente sexual, porque você quebra a barreira física, sobretudo quando está conversando com um pretendente com quem ainda não tem um relacionamento; nesse caso, você está sinalizando que a barreira foi desfeita.

Um indicativo de que essa técnica foi bem-sucedida se dá quando, em um momento futuro ou logo em seguida, ele tocá-la de maneira não maliciosa no ombro, na nuca ou na lombar.

Isso significa que ele entendeu que você deu permissão para que ele rompesse a barreira do físico e tocasse você de maneira suave, sutil e socialmente permitida.

Em um ambiente mais familiar, essa técnica funciona muito bem, e você dará ao pretendente sinal verde de que está disponível, de forma suave, sutil e elegante. Certamente, o nível de engajamento aumentará.

EM CONVERSAS AO VIVO
Sorria mais para o pretendente que para outros

"O sorriso de uma mulher para um homem é uma centelha de alegria, uma ponte de luz que conecta almas."

Victor Hugo, escritor

Essa técnica é muito importante depois de você já ter atraído o pretendente em um flerte a distância ou caso você já o conheça e tenham iniciado uma conversa, eliminando o risco de rejeição. Serve para deixar muito claro que você o vê de maneira diferenciada.

Quando estiver engajada numa conversa com o pretendente, sejam só vocês dois ou caso haja outras pessoas, é importante que seu sorriso seja muito mais abundante para ele que para os outros. Isso deixa claro que você tem interesse diferenciado, mas ainda não está totalmente disponível.

O instinto de caça masculino será ativado, de modo que, com a diminuição do risco de rejeição, a caça se torna, então, uma quase certeza. Sua iniciativa é usar as técnicas da SAA em conjunto com todas as demais apresentadas, agora em sinergia com um sorriso abundante para o pretendente.

Somente pessoas maduras ou com domínio dessas técnicas, sejam patriarcas ou matriarcas, vão perceber. Isso é importante porque, vale lembrar, a SAA trabalha com a ambiguidade, ou seja, é essa vontade de conquista do desconhecido ou do território/caça que faz o homem se sentir compelido a tomar a iniciativa, de modo que, quanto mais técnicas você utilizar, mais magnética, atraente e indomável vai se tornar para esse homem masculino, ativando todos os instintos e gatilhos dele.

Se você aprender a ativar cada um desses gatilhos, homens disponíveis vão se deixar levar por esse instinto de caça. Os patriarcas já comprometidos não permitirão, por honra, que esses gatilhos sejam ativados, porque têm domínio dos próprios instintos.

Se seu objetivo for atrair um homem comprometido, saiba que começou errado; no momento em que ele desonra outra mulher, já se tem garantia de que ele não é patriarca e também de que não é um homem adulto e maduro, uma vez que está se deixando levar pelo instinto de luxúria, de harém, de conquista de mulheres, praticando a inverdade com a parceira.

Um dos grandes erros que muitas mulheres cometem é acreditar que a SAA garantirá que vão atrair um homem de alta qualidade, sendo que, nesse caso, o homem veio de uma fonte corrompida, por estar comprometido.

EM CONVERSAS AO VIVO
Olhe para os seios e se arrume

"O seio é a suavidade e a força da mulher, expressão de beleza e símbolo de maternidade."

Honoré de Balzac, escritor

Essa é uma técnica que deve ser usada com muita prudência e no *timing* certo, se você quiser transmitir a mensagem a seguir. Ela consiste em olhar para os próprios seios e ajeitar o sutiã ou a blusa.

Psiquicamente, os seios são símbolo de poder sexual feminino. Além disso, homens são muito visuais, e, ao fazer isso, você ativará o instinto de caça sexual do pretendente.

Quando estiver numa conversa ao vivo com o homem desejado e perceber que ele está interessado em você, caso já tenha usado as técnicas anteriores, você poderá atiçá-lo um pouco mais e levá-lo a iniciar uma abordagem para que queira ficar com você ou, então, deseje algo mais.

Atenção: nesse momento, a técnica já adquire conotação mais sensual, então a use com cautela e, de preferência, apenas se outras técnicas não foram efetivas com esse homem.

No meio de uma conversa, na qual já rola um flerte, assim que vocês estiverem conectados, espere por um momento em que ele esteja olhando para você e, olhando para os próprios seios, arrume discretamente a blusa ou o sutiã; depois, volte a olhar para ele, sorrindo.

Essa é uma técnica extremamente sensual e que vai fazer que a mente dele dê uma pirada. O nível de desejo dele vai subir, e você vai levar a interação a um próximo nível, transmitindo a mensagem de que também existe em você o quesito sensual.

Entretanto, use essa técnica apenas depois que tiver certeza de que se trata de um homem de valor e caso realmente queira que ele sinta forte atração por você. Essa técnica também serve para parceiros estáveis.

EM CONVERSAS AO VIVO
Nunca crie um "personagem" para seduzir

"A sedução é uma arte que pode ser tão perigosa quanto uma espada, pois engana os sentidos e confunde o coração."

Jean-Jacques Rousseau, filósofo

Essa técnica serve para desconstruir atitudes equivocadas e inconscientes de muitas mulheres.

A autenticidade é atraente por si só; por isso, não crie um personagem para seduzir, muito menos para agradar. A mulher que sabe o que quer – e também o que não quer –, e tem consciência do que lhe é compatível é extremamente desejável e atraente.

A mulher que busca agradar demais não vive a verdade nem transmite a imagem de quem se autovaloriza e cultiva alta autoestima, tendendo a se transformar em uma mulher simpática e ultradisponível que, possivelmente, será usada e descartada.

A tática de agradar envolve sedução, por meio da qual se tenta seduzir o pretendente com simpatia, que nada mais é que um tipo de mentira.

Como técnica de atração, é essencial ser autêntica.

Não tenha medo de desagradar; deixe claro o que pensa, o que deseja e aonde quer chegar no relacionamento. Isso transmitirá uma percepção real de sua autenticidade e o espaço onde o pretendente se encaixa em suas expectativas.

Viver em verdade faz que você não perca tempo com homens errados.

EM CONVERSAS AO VIVO
Permita que ele toque sua cintura, seu ombro ou seu braço

"A cintura feminina, com sua delicada curva, é uma das mais graciosas expressões da beleza e elegância."

Auguste Rodin, escultor

Essa técnica serve para complementar a de tocar ligeiramente o antebraço do pretendente.

Se você já utilizou em conjunto todas as técnicas apresentadas anteriormente e agiu de maneira autêntica, o homem tenderá a ser afetivamente recíproco e vai demonstrar isso adotando uma postura protetora.

Essa postura busca proteger sua coluna espinhal; isso significa que ele vai colocar a mão em algum ponto da sua coluna, por exemplo na cintura, e agir de maneira um pouco mais ousada; os mais tímidos ou cautelosos, por sua vez, possivelmente colocarão a mão em seus ombros ou em sua nuca. Se isso acontecer, significa que você está tendo sucesso na atração.

Em outras palavras, a técnica consiste em simplesmente permitir que ele coloque a mão em alguma dessas partes do corpo mencionadas, com o fim de protegê-la ou de conduzi-la.

EM CONVERSAS AO VIVO
Baixe o rosto sorrindo e volte a olhar nos olhos dele

> "A vulnerabilidade feminina é uma força delicada que convida à proteção e ao cuidado, revelando a beleza da confiança mútua."
>
> Antoine de Saint-Exupéry, escritor

Essa técnica é muito interessante e funciona também em relacionamentos mais longos, como namoros e casamentos, uma vez que os parceiros já se conhecem muito bem e têm noção da linguagem corporal de cada um e das intenções físicas.

Para os solteiros, pode também ser efetiva e é complementar ao olhar ambíguo, mas agora em uma situação com um nível mais avançado que é em uma conversa.

Consiste em baixar o rosto olhando para baixo e sorrindo, como se tivesse ficado tímida, olhar para ele ainda com o rosto abaixado e voltar aos poucos a cabeça à posição normal, continuando a olhar para os olhos dele, de baixo para cima.

Isso transmite sensação de vulnerabilidade da parte da mulher e de dominância da parte do homem, que ele aprecia. Desse modo, você ativa o instinto de território dele, além do instinto de proteção, fazendo-o se sentir mais masculino.

Lucas Scudeler

EM CONVERSAS AO VIVO
Deixe o celular guardado e concentre-se apenas nele

> *"Quando uma mulher concentra sua atenção em um homem, ela lhe oferece uma presença poderosa, cheia de intenção e profundidade."*
>
> Paulo Coelho, escritor

Essa é uma prática de etiqueta e até mesmo de bom senso na vida moderna, podendo ser praticada tanto por homens quanto por mulheres. Além disso, é um método poderoso de diagnóstico e de maturidade espiritual.

Quando se trata da SAA – o caminho da matriarca –, é preciso dar o exemplo daquilo que se deseja receber em troca.

Primeiro, a mulher verifica de que maneira age para somente depois receber dos outros o reflexo de suas ações. Uma técnica da SAA é dar atenção ao pretendente e verificar se a atitude dele é recíproca.

Nesse momento, deve-se tirar de cena qualquer objeto que roube sua atenção. Não use o celular de maneira nenhuma.

Desse modo, você transmitirá a impressão de que é uma mulher madura e muito presente, verdadeiramente interessada nesse homem.

Usar o celular, na realidade, configura a técnica de distanciamento, ou seja, quando não se quer engajar com alguém, basta começar a mexer no celular. Não permita, de sua parte, que nada rompa o processo de comunicação e interação com o pretendente.

A não ser que sejam interrupções externas sobre as quais você não tem controle, mas isso pode até mesmo jogar a seu favor, usando a técnica de falar mais e olhando para o pretendente.

A SAA é como uma dança: você deve se adaptar à música que está tocando e buscar utilizar a melhor técnica para cada situação.

A SUTIL ARTE DE ATRAIR

EM CONVERSAS AO VIVO
Mexa nos cabelos

"Os cabelos femininos são como uma coroa natural, refletindo a personalidade e a essência da mulher."

Alexandre Dumas, escritor

Mexer nos cabelos durante uma conversa ao vivo é diferente de quando se usa essa técnica em um flerte a distância.

No primeiro caso, trata-se de uma sutileza, isto é, você deve utilizar essa técnica em intensidade menor que na segunda situação. Portanto, deve ser um processo de ativação da atenção do homem no rosto feminino.

Há inúmeros estudos em neurociência que afirmam que o rosto feminino acalma o homem, conforme já mencionado, o que traz a ele sensação de bem-estar.

O ato de mexer nos cabelos com sutileza demonstra delicadeza e sensibilidade. Você transmitirá a impressão de vulnerabilidade, e todas essas características são virtudes matriarcais.

Você vai desarmar o homem, ativar o instinto de proteção e de provimento, fortalecendo o magnetismo com esse pretendente. Os cabelos compridos sempre foram uma arma de atração magnética e, basicamente, é o que leva a atenção masculina ao rosto da mulher.

Quanto maior for o compromisso, menor deve ser a intensidade do ato; ainda assim, continua sendo sempre uma técnica efetiva em relacionamentos para a mulher.

Lucas Scudeler

EM CONVERSAS AO VIVO
Cruze as pernas

"Uma mulher com as pernas cruzadas exala elegância e confiança, expressando tranquilidade e sofisticação em um simples gesto."

Charles Baudelaire, poeta

Essa é uma poderosa técnica de linguagem corporal. Entretanto, é preciso definir muito bem o contexto em que ela será utilizada para não sexualizar o ato.

Ao cruzar as pernas durante uma conversa ao vivo com o pretendente, você transmite duas informações ambíguas, lembrando que o gatilho de ambiguidade desperta o instinto de caça.

Você dará foco a uma parte de seu corpo, próxima ao órgão genital, e isso vai despertar a libido masculina, ao mesmo tempo que, com esse ato, a linguagem corporal psicológica e psíquica comunica a ideia de bloqueio à genitália.

Vale ressaltar que essa técnica deve ser utilizada com bastante parcimônia e cautela, quando você já tiver clareza da qualidade do pretendente com o qual está envolvida, caso seja solteira.

Para namoros e casamentos, no entanto, funciona muito bem, e é exatamente por isso que homens cruzam as pernas de um jeito, e as mulheres de outro.

O ato de cruzar as pernas, considerando o gatilho masculino ativado por intermédio desse ato, ajuda bastante, sobretudo ao lidar com homens que não demonstram muito o lado sensual ou são introspectivos.

Outra leitura do ato de cruzar as pernas é a proposta de um desafio de masculinidade ao pretendente, a fim de verificar, caso ele aceite, se a masculinidade dele aumentará.

Essa técnica, somada às anteriores, compõe um conjunto de ações extremamente poderosas.

Se ele topar o desafio, é um bom pretendente; do contrário, será mais um para você riscar da lista dos tantos pretendentes incompatíveis com os quais pode se deparar.

O objetivo é chegar ao seu patriarca.

EM CONVERSAS AO VIVO
Posicione-se na conversa fazendo perguntas que demonstrem interesse

"A coisa mais importante é não parar de questionar. A curiosidade tem a própria razão de existir."

Albert Einstein, físico teórico

Quando se está numa conversa engajada, ao vivo, com o pretendente, uma técnica que vale a pena usar e entender, que tem mesmo um quê de espiritualidade, é posicionar-se fazendo perguntas. No entanto, essas perguntas precisam demonstrar interesse no assunto e no pretendente.

Costumo ensinar às minhas alunas quais perguntas elas devem fazer: trata-se de questionamentos do vestibular dos quatro pilares, sobre o qual falarei mais adiante, e que ensino com profundidade na plataforma Segredo dos Relacionamentos. Quando estiver em uma conversa com um homem, você deve fazer perguntas.

Evite falar sobre você; faça isso somente depois que ele perguntar.

Um indicativo de interesse e empatia evidencia-se em certa sensibilidade por parte desse homem, se ele está preocupado com você ou somente em satisfazer às necessidades dele e se faz perguntas sobre sua vida.

Se você começa a despejar informações sobre você, como um livro aberto, ele consegue descobrir com mais facilidade qual é o tipo de "príncipe" de que você está em busca. Isso pode torná-la a presa perfeita de homens caçadores com a síndrome de dom-juan, ou até mesmo predadores, como os narcisistas, especialistas em "ler" a mulher. Nesse sentido, a mulher precisa ser cautelosa.

A melhor postura para uma mulher feminina, para uma matriarca, é uma atitude amorosa e investigativa.

Você vai fazer perguntas interessantes e interessadas, com real vontade de descobrir quem é aquele homem. Não coloque na cabeça que tem de dar certo com aquele homem; o importante é conhecê-lo de fato.

Portanto, a técnica é fazer perguntas verdadeiramente interessadas para investigar e descobrir a real sobre o pretendente, de modo a verificar se ele é um par compatível com você.

EM CONVERSAS AO VIVO
Vá ao banheiro e volte com a aparência ligeiramente diferente

"Quando uma mulher decide mudar de aparência, ela está prestes a mudar sua vida."

Coco Chanel, estilista

Essa técnica é bastante eficaz porque, como vimos, os homens são muito estimulados pelo visual.

Se você está conversando com um pretendente e percebe potencial na conversa, que está envolvente, que o homem demonstra interesse em você e também parece ter algo a oferecer, sem conclusões precipitadas, e você quer dar um passo a mais no processo de atração, peça licença para ir ao banheiro e volte com a aparência ligeiramente diferente.

Se você estiver de camisa, pode dobrá-la um pouco as mangas ou abrir um botão (cuidado para não sensualizar; o objetivo é mostrar algo diferente).

Se estava com os cabelos soltos, pode prendê-los, ou vice-versa. Ou retocar o batom. Voltar de óculos ou sem os óculos, caso os use e não tenha um grau elevado. O importante é retornar à conversa com uma ligeira diferença no visual.

É possível que muitos homens nem sequer reparem, mas inconscientemente eles notam a diferença. Isso transmite uma mensagem de certa diversidade, e, assim, você instiga o instinto de caça dele.

EM CONVERSAS AO VIVO

Puxe assuntos sobre viagens e lugares que ele visitou

> "O mundo é um livro, e aqueles que não viajam leem apenas uma página."
>
> Santo Agostinho de Hipona, teólogo e filósofo

Vale a pena utilizar essa técnica quando a conversa estiver fluindo há um bom tempo, depois que já tiver utilizado as anteriores e caso queira aprofundar um pouquinho o diálogo entre vocês.

Comece a puxar assunto sobre lugares que visitou e aqueles que ele conheceu; traga uma âncora visual – pode ser uma imagem que você tenha nas redes sociais. Mostre, por exemplo, uma foto em que esteja bonita e mais arrumada. Avalie o nível em que está a conversa.

Cuide sempre de não tomar a liderança e procure instigar maior profundidade nos assuntos. Ao abordar esse assunto, a mulher abre um campo muito vasto de investigação, a fim de descobrir se o pretendente já viajou, qual é o poder aquisitivo dele, quais são seus interesses culturais, musicais e artísticos, entre outras questões.

Isso abre um leque natural de diálogo, no qual você consegue visualizar muito melhor a personalidade desse homem. Relatar algo que você tenha feito, os lugares que visitou, trazendo uma âncora visual, estimula o pretendente a contar histórias verídicas. Uma vez que deu a tônica da autenticidade, você perceberá se ele estiver mentindo ou construindo um personagem, ou, ao contrário, se estiver sendo igualmente autêntico.

Ao utilizar essa técnica, você define o tom do compartilhamento, expondo, de certa maneira, a vulnerabilidade, porque assim se configura a comunicação feminina. Se ele for um homem verdadeiro e masculino, abrirá para você situações no diálogo, de modo que você o entenda mais e melhor, com mais qualidade, bem como perceba se são ou não compatíveis.

CAPÍTULO 12

NOS APLICATIVOS E NAS REDES SOCIAIS
Nunca escale a comunicação

"O maior erro que um homem pode cometer é subestimar o poder de uma simples iniciativa com uma mulher. A ação, muitas vezes, fala mais alto que palavras."

Dale Carnegie, escritor e palestrante

Essa técnica é extremamente demandada e pode ser utilizada especialmente por mulheres solteiras ou "enroladas". Ela envolve o contexto de aplicativos e, além disso, é reflexo direto de um princípio de relacionamento chamado "reciprocidade afetiva", que significa, em resumo, que você só dá afeto no nível de atenção que o homem lhe dá. Por que isso funciona? Porque o fato de receber afeto cada vez que ele lhe dá atenção ativa o instinto de caça masculino.

Muitas vezes, o que ocorre é o homem dar pouca atenção, e a mulher retribuir essa falta de atenção com muito afeto. Isso é errado, uma vez que gera débito emocional, em que ela fica extremamente ansiosa porque ele deu pouquíssima atenção, mas recebeu muito afeto em troca, o que desequilibra o relacionamento desde o início.

O homem interpreta a atitude dessa mulher como melosa, ou chata, ou desesperada, ou ultradisponível, e passa a não querer mais interagir com ela, porque se sente sufocado. Ele provavelmente não saberá explicar, mas isso ocorre, basicamente, porque você não ativou o instinto de caça dele. Ele precisa sentir que o afeto é recíproco, que o merece. Com base no entendimento do princípio da reciprocidade afetiva, você nunca deve escalar uma comunicação.

De maneira ideal, o homem pede para seguir você numa rede social, e você o segue de volta; se ele curte alguma de suas publicações, você curte alguma das publicações dele de volta; se ele reagiu a um *story* seu com um *emoji*, você reage a um *story* dele com, no máximo, outro *emoji*; se ele comentou alguma de suas publicações, você também pode comentar alguma das publicações dele. Vale repetir: nunca escale a comunicação.

Mas o que é escalar? Vou explicar com um exemplo: se o homem enviou uma mensagem de um parágrafo, você responde a ela com cinco parágrafos; se ele curtiu uma foto sua, você curte sete fotos dele em resposta; se ele mandou um *emoji* de foguinho em algum *story* seu, você manda dez *emojis* nos *stories* dele. Isso não vai ativar o instinto de caça dele; você deixará de ser atraente aos olhos dele, e ele vai perder o interesse em você.

Essa técnica pode ser utilizada em todas as áreas, porque é baseada em princípio; mas, ao considerarmos os aplicativos – principalmente por você estar a distância e vocês estarem separados por uma simples tela, é muito importante que ela seja respeitada. Você precisa criar um vácuo; é a distância e a escassez que jogarão em seu favor.

NOS APLICATIVOS E NAS REDES SOCIAIS
O melhor tipo de foto do perfil

"Os olhos de uma mulher dizem mais sobre ela que qualquer palavra que possa ser dita."

Arthur Golden, escritor

Ao longo dos anos, muitas alunas me perguntaram e continuam perguntando: qual é o melhor tipo de foto para usar no meu perfil ou canal para atrair homens de alta qualidade?

A partir do momento em que entendemos como funciona a mente masculina, sabemos que não se deve publicar fotos que exponham o corpo – esse é o primeiro passo. Logo, a foto do perfil tem de mostrar o rosto, de frente, de modo a proporcionar o contato visual.

Além disso, de preferência, você não deve aparecer muito produzida, com maquiagem, porque se entende que está construindo um personagem. Do contrário, você vai atrair homens focados muito mais na aparência.

Homens maduros tendem a preferir mulheres que optem por mostrar a beleza natural. Na realidade, a maquiagem costuma afastar muitos homens, que a consideram brochante. Em outras palavras, se quer atrair homens maduros e melhorar a qualidade dos pretendentes, sua foto de perfil nas redes sociais tem de ser um reflexo daquilo que você vive.

Sorria de maneira leve e natural, numa pose espontânea, num momento em que você estava alegre. Dica: publique uma foto na qual sua cabeça esteja levemente inclinada para o lado no qual você se sente mais fotogênica.

Essa postura indica receptividade e não deixa de ser uma técnica de atração. Então, publique uma foto de rosto, frontal, em que você sorri com suavidade e esteja com a cabeça ligeiramente inclinada. Essa é a foto de perfil para a qual dou nota dez.

Como já afirmado, mulheres que seguem essas dicas tendem a atrair homens com mais qualidade. Não caia no erro grotesco de usar no perfil uma foto de corpo inteiro ou, pior, de biquíni ou com trajes menores, sob risco de atrair homens que buscam apenas sexo.

NOS APLICATIVOS E NAS REDES SOCIAIS
Declare de cara que deseja um relacionamento sério

> *"A escolha de uma boa esposa é uma das principais decisões de um homem, pois determina a felicidade ou a infelicidade de sua vida."*
>
> Benjamin Franklin, estadista e inventor

Essa técnica é muito importante e vai ao encontro do que falei anteriormente sobre não querer agradar. Assim, declare de primeira que você está em busca de um relacionamento sério.

Quase todas as mulheres que conheço querem um relacionamento sério, mas muitas acabaram caindo na desesperança e deixaram de acreditar que esse tipo de relacionamento é possível. Por isso, você deve respeitar o princípio da verdade e declarar que está buscando um relacionamento sério, de longo prazo, com um homem de valor.

Observo que grande número de mulheres sente um medo absurdo de dizer o que querem de verdade, de modo que, por não dizê-lo, nunca receberão em troca o que de fato buscam. Abrir o jogo traz leveza para a interação dos pretendentes.

Muitas pessoas preferem valer-se de sedução e tensão sexual porque buscam agradar e mostrar simpatia, e isso acaba enrijecendo o relacionamento desde o início, tornando-o pesado e sufocante, além de gerar grande descompasso de objetivos.

Deixando claro, logo no começo, que está em busca de um relacionamento sério, ativa-se corretamente o instinto de caça do homem porque essa mulher está com a feminilidade ativada, despertando nele a vontade de protegê-la; em um curto período, os dois engajarão em um namoro sério, e, muito em breve, caso o relacionamento seja compatível, as coisas progredirão para um noivado e quiçá um casamento. Essa declaração de valores por parte da mulher soa muito bem para homens masculinos, conservadores e sérios.

Ao mostrar ao pretendente que você não quer agradar, vocês se analisam mutuamente e passam a se conhecer melhor. Caso ele não seja o pretendente certo, parta para outra; o importante é não investir mais energia em um relacionamento que tendia ao fracasso. Por isso, é essencial descobrir se o pretendente é compatível com você.

NOS APLICATIVOS E NAS REDES SOCIAIS
Jamais publique fotos de biquíni ou de lingerie nas redes sociais

"A sedução pode ser mais perigosa que a espada, pois pode ferir a alma."

William Shakespeare, dramaturgo

Isso deveria ser senso comum de mulheres femininas.

Ao agir dessa forma, elas simplesmente desfazem todo o gatilho do mistério, da conquista e da atração, e isso tende a transmitir uma imagem de vulgaridade, mesmo que você não seja vulgar.

Ao usar o corpo explicitamente para seduzir, sobretudo desconhecidos, nas redes sociais, a tendência é atrair a atenção de homens errados, que querem apenas sexo. Se o que você busca é um parceiro, um homem protetor, provedor e honrado, deve usar o gatilho do mistério em seu favor. Isso significa que você tem de expor o mínimo possível seu corpo.

Muitas alunas minhas já puderam comprovar que essa técnica realmente funciona. Portanto, é preciso entender que a discrição trabalha em seu favor.

Os homens são territorialistas; se você expõe o corpo nas redes sociais, não vai atrair um homem de valor, mas sim um homem feminilizado, que se comportará como capacho e não se importará com seu comportamento, porque, provavelmente, é promíscuo, vive nos vícios e não tem moral para criticá-la.

O homem de virtude, por sua vez, vai esperar que você se porte como uma mulher sagrada, para assim poder tratá-la. Então, se deseja um pretendente sério, você precisa se portar com seriedade.

NOS APLICATIVOS E NAS REDES SOCIAIS
Não responda às mensagens dele de imediato

"A paciência é a companheira da sabedoria."

Santo Agostinho, teólogo e filósofo

A SUTIL ARTE DE ATRAIR

Os aplicativos são uma simulação da vida real. Por isso, é muito importante seguir alguns princípios para que o relacionamento acompanhe a realidade do dia a dia. Nesse caso, o princípio a ser respeitado aqui é o da reciprocidade afetiva. Isso significa que, se quiser exercer alto poder de atração, de modo que o pretendente tome a iniciativa, você não deve demonstrar nível de atenção exagerado nos meios digitais.

Quando não responde às mensagens dele de imediato, por ter uma vida estruturada e ser uma pessoa ocupada, o pretendente terá a real percepção de que você é uma mulher de valor, porque tem uma rotina e não está o tempo todo à disposição, esperando trocar mensagens com ele. É muito importante que essa indisponibilidade seja real; do contrário, cria-se um joguinho mental para tentar inventar compromissos. Para ser atraente, a mulher deve praticar as rotinas sagradas e de autocuidado, focando nela e, sobretudo, em Deus.

Essa indisponibilidade real cria magnetismo, e o homem vai desejar seu tempo e sua atenção. Desse modo, você vai conseguir cumprir o princípio da reciprocidade afetiva com naturalidade e sem esforço.

Um grande erro que muitas mulheres (e também homens femininos) cometem é dar em troca muita atenção ao pretendente quando este, na verdade, dá a ela apenas migalhas de seu tempo, gerando desequilíbrio.

Quando isso acontece, ele pode concluir que você é carente ou melosa e está pulando etapas no relacionamento, gerando nele o sentimento de ansiedade. Nessa situação, por considerar a mulher sufocante, muitos homens abandonam o relacionamento, principalmente se você já tiver permitido intimidade física. A mulher que se disciplina e pratica a reciprocidade afetiva consegue engajar o pretendente no relacionamento, levando-o a pensar cada vez mais nela e, também, a se apaixonar.

É muito importante que o homem se apaixone por você antes da intimidade física. A paixão do homem é racional, como se ele se convencesse de que tem de se apaixonar por você. É nesse momento que ele cria vínculo emocional. A paixão feminina, por sua vez, é física e emocional, sobretudo depois da intimidade sexual. O vínculo é gerado em razão do hormônio ocitocina, liberado durante o sexo. Por isso, é essencial que, já na interação digital, você aja com reciprocidade afetiva e mantenha o equilíbrio.

NOS APLICATIVOS E NAS REDES SOCIAIS
Seja ambígua ao responder às mensagens de texto

"Na mulher, o que mais me impressiona é a sutileza dos sentimentos e a delicadeza com que expressa a sua alma."

Johann Wolfgang von Goethe, escritor e poeta

A mulher que aprende a dominar a ambiguidade caminha para o estado matriarcal, porque entendeu que, ao despertar o instinto de caça masculino, ela se torna extremamente magnética e muito atraente aos olhos masculinos.

Como vimos, a ambiguidade é uma das ferramentas de conversação mais efetivas para ativar o instinto de caça no homem, uma vez que leva o pretendente a investigar sobre você e saber como pensa, o que ativa o instinto masculino de resolução de problemas.

Mas de que maneira se deve usar a ambiguidade? Sempre que interagir com um homem, não dê uma resposta direta; deixe que a interpretação fique a cargo dele ou responda à pergunta dele com outra pergunta.

Dessa maneira, você abre espaço para que ele resolva um "problema" e se posicione. Tudo isso é fruto de magnetismo matriarcal. Quanto mais eficiente ou proficiente a mulher for no quesito ambiguidade, mais ela conseguirá dar respostas abertas.

Quanto mais você o engaja na conversa, mais prende a atenção dele, gerando alto poder de atração. Quanto mais ele pensa em você, maior é a probabilidade de se apaixonar.

NOS APLICATIVOS E NAS REDES SOCIAIS
Mande mensagens sem finalizar o texto

"O mistério gera curiosidade, e a curiosidade é a base do desejo humano para compreender."

Neil Armstrong, astronauta

Quando conversar com algum pretendente por meio de aplicativos, é muito importante atentar-se à maneira como você estrutura as frases.

Um grande erro é escrever demais e ficar tentando se explicar. Ao agir assim, você deixa de usar os gatilhos do mistério e da ambiguidade. Se o pretendente fizer uma pergunta, você deve responder a ela "pela metade". Isso vai gerar mistério, o qual, por sua vez, vai gerar uma nova pergunta, que vai ativar o homem ainda mais para a caça.

Então, lembre-se: escreva menos e valha-se da ambiguidade. Você pode e deve demonstrar interesse por meio de palavras, mas não escreva textões nem dê garantias de nada. Se garantir que gosta dele, que nutre sentimentos etc., você desativará o instinto de caça. Entendendo que já a conquistou, ele partirá para outra.

O segredo para manter um homem engajado na conversa não é fazer perguntas e dar respostas, mas sim, como já citei, responder a elas "pela metade". Essa é a maneira mais efetiva e matriarcal de ativar os gatilhos de caça e mistério no homem. Como vimos, quanto mais ele pensar em você, mais próximo estará de se apaixonar.

NOS APLICATIVOS E NAS REDES SOCIAIS
Se ele a convidar para sair, deixe-o sugerir o lugar

> *"Um homem de verdade toma a iniciativa e assume responsabilidades, especialmente quando se trata de amor."*
>
> Steve Harvey, comediante e ator

Ainda no contexto dos aplicativos, é importante deixar o homem sugerir o lugar quando forem marcar um encontro. Assim, você cede espaço para que ele seja masculino e tome a iniciativa e a liderança.

Isso não significa que a mulher não possa fazer isso; a questão é preferir que o homem assuma a liderança para que você não se desgaste com o processo decisório. Uma das coisas que mais estressa as pessoas é a fadiga decisória.

Um homem masculino aprecia tomar a liderança. Desse modo, deixe que ele traga o leque de opções, e você opina sobre o que lhe agrada ou não; o importante, na realidade, é ele achar que está tomando a decisão final.

Prefira os primeiros encontros em shoppings, restaurantes ou cafeterias durante o dia. Não saia nos primeiros encontros à noite, pois a noite tem uma conotação mais sensual e de menor seriedade.

Assim, você controla todo o processo de atração. Essa técnica ajuda a ativar o mistério e a caça e permite que o homem se sinta masculino e potente.

NOS APLICATIVOS E NAS REDES SOCIAIS
Não marque encontros em lugares próprios para sedução

> *"Um ambiente romântico é aquele onde duas almas podem se conectar profundamente, livres de distrações e cheias de beleza e serenidade."*
>
> Nicholas Sparks, escritor e roteirista

Essa técnica é muito simples, sobretudo para encontros com pretendentes solteiros de aplicativos: os primeiros encontros não devem ser à noite nem em lugares com atmosfera sedutora.

Precisam ser pensados de maneira racional. Não desejo que minhas alunas se "emocionalizem". Nesse momento, você está passando por um processo de filtragem de qualidade; assim, precisa descobrir se o pretendente é maduro ou não, e para isso não pode estar "emocionalizada".

A mulher boêmia tende a se "emocionalizar" com mais facilidade. Então, se perceber que o homem está forçando a sair à noite nos primeiros encontros, para uma balada, para a sua casa ou a dele, saiba desde já que ele está à caça. Um indicativo muito poderoso de que o homem é sério é o fato de ele compreender e aceitar caso você peça que o encontro aconteça durante o dia.

À luz do dia, você poderá conhecê-lo melhor, não o personagem boêmio e de caça que ele constrói à noite, quando sai para conquistar mulheres. Por isso, procure marcar ao menos três encontros durante o dia; se passar no vestibular dos quatro pilares, que veremos adiante, então você poderá marcar um jantar, já que o pretendente terá mostrado que é um homem com alto potencial de compatibilidade.

NOS APLICATIVOS E NAS REDES SOCIAIS
Observe se o homem pede para ir a locais reservados

> *"Os seres humanos são intrinsecamente inocentes porque eles só podem fazer aquilo que eles acreditam ser o bem; porém eles não sabem diferenciar o bem das falsas ilusões do mundo."*
>
> Sócrates, filósofo

Essa técnica é extremamente simples para utilizar em aplicativos. Sempre que o homem começar a sugerir e insistir para vocês irem a um lugar reservado nos primeiros encontros, onde só estarão vocês dois, ele está querendo dizer que só quer sexo.

Na verdade, ele não se importa com você ou com seus sentimentos; ele busca somente satisfação sexual. Caso a conversa esteja fluindo bem e ele fizer essa sugestão em dado momento, você pode relevar.

A SUTIL ARTE DE ATRAIR

No entanto, se ele insistir uma segunda vez, é indicativo de que você deve terminar a conversa, encerrar o encontro e ir embora.

Se você busca um relacionamento sério e identifica que o pretendente é caçador, deve se afastar, pois a última coisa que um caçador quer na vida é um compromisso.

Não tente convertê-lo em patriarca, é impossível. O primeiro passo para a mudança deve partir dele.

CAPÍTULO 8

NO TRABALHO
Converse sobre os restaurantes da região

"A mulher pode guiar o homem com sua sabedoria silenciosa, em vez de palavras diretas."

Provérbio chinês

Esta técnica é voltada ao ambiente profissional. É preciso entender que o ambiente corporativo é um pouco mais formal, rígido e com mais regras éticas e de etiqueta.

Nesse caso, a SAA tem de ser usada com mais consciência ainda. Ela é extremamente efetiva porque você vai induzir o pretendente a lhe fazer um convite, de modo que não soe como uma aproximação pessoal ou um flerte.

Então, conforme vocês estiverem conversando, pergunte a ele sobre lugares para comer naquela região; inevitavelmente, se ele não for extremamente tímido ou inseguro, vai perceber que você está querendo almoçar com ele.

Caso ele não perceba, você pode ir além dos questionamentos e deixar subentendido que adoraria almoçar em determinado restaurante; assim, você abre espaço para o masculino tomar a iniciativa e fazer o convite.

Depois dessa convocação feminina, é quase inevitável que o homem, se for solteiro e estiver disponível e atraído por você, faça um convite para o almoço, mesmo porque o risco de rejeição é muito baixo, uma vez que almoçar com algum colega de trabalho não é considerado politicamente incorreto. Esse convite parecerá irresistível ao homem masculino.

NO TRABALHO

Comente logo em seguida do que ele escreve nos grupos de WhatsApp (sem excessos)

"A atenção é o maior presente que podemos oferecer aos outros."

Thich Nhat Hanh, monge budista e escritor

No ambiente de trabalho, as técnicas da SAA têm de ser ainda mais sutis, praticamente imperceptíveis. Por quê? É preciso considerar os agravantes.

O próprio trabalho é um fator complicador, tendo em vista que tudo pode ser interpretado de maneira incorreta, e você manchar a própria reputação por ter investido numa pessoa incompatível ou exposto a própria imagem, podendo perder o respeito dos outros por ter levado um assunto da vida pessoal ao espaço corporativo.

Assim, isso não significa que o ambiente corporativo não seja um bom lugar para se encontrar pretendentes; no entanto, é preciso esclarecer que tudo tem de ser feito com muito cuidado e cautela, para que você não desconstrua sua reputação profissional. Então, quanto mais sutil e anônimo, melhor.

Nessa técnica, você vai comentar logo após as mensagens dele em grupos de WhatsApp, mas isso deve ser feito com muita cautela e sem excessos, para que não fique explícito que você tem interesse apenas naquela pessoa e os outros assuntos não são relevantes.

Você deve se relacionar da mesma maneira que faz com todo mundo, mas, quando ele publicar alguma coisa, deverá fazer um esforço um pouco maior para interagir ou tecer comentários. Isso o fará acreditar que você é amigável, está disponível, gostando da interação e aprecia conversar com ele.

Subliminarmente, você transmitirá a mensagem de que o acha interessante, e ele ficará em dúvida se isso se refere ao âmbito profissional ou pessoal. Essa dúvida trabalha em favor da mulher, bem como toda ambiguidade, uma vez que sugere magnetismo e atração, o que, como vimos, ativa o instinto de caça masculino.

NO TRABALHO
Estacione seu carro perto do carro dele algumas vezes

"Elegância é a arte de não se fazer notar, aliada ao cuidado sutil de se deixar distinguir."

Paul Valéry, filósofo e escritor

Não é demais repetir que a SAA no trabalho é mais delicada e deve ser usada com bastante cautela para que os limites da ética profissional sejam respeitados e o relacionamento profissional só se torne pessoal se ambos tiverem muita clareza do que querem, sem comprometer nenhuma regra ética.

Quando as regras são seguidas, mesmo relacionamentos com pessoas de nível hierárquico diferente podem funcionar muito bem, porque a ética está sendo respeitada. A técnica que será apresentada agora é muito sutil; no entanto, muitas vezes gera contexto para uma interação.

No trabalho, é muito importante criar oportunidades para uma interação fora do ambiente corporativo. Se, por exemplo, você vai ao trabalho de carro, estacione perto do dele algumas vezes. Isso serve também para transporte público, e veremos por quê.

Conforme dito antes, a intenção é criar um momento em que possa acontecer uma interação fora do ambiente de trabalho. Se parar o carro perto do dele, a chance de vocês terem encontros casuais é muito maior. Caso não tenha carro e utilize transporte público, você pode fazer um pequeno esforço para descobrir qual é a rota dele e pegar o ônibus ou o metrô na mesma estação ou no mesmo ponto que ele, mesmo que isso exija um pouco mais de esforço de sua parte.

O ponto é criar nele a percepção de que o encontro foi casual. Mais para frente, se ele a questionar diretamente sobre isso, não tenha medo de revelar que utilizou essa técnica. Suspenda-a apenas enquanto estiver usando a técnica de atração, mas, caso ele perceba (e isso também é muito positivo), não há problema nenhum.

Se ele acabar descobrindo que você a está usando, isso não significa que ela não funciona, muito pelo contrário, porque desperta nele o instinto de caça e de território, e, aos olhos dele, a mulher continua atraente e magnética.

A SUTIL ARTE DE ATRAIR

NO TRABALHO

Não use roupas provocativas que foquem nas formas de seu corpo

"A mulher bonita não é aquela de quem se elogiam as pernas ou os braços, mas aquela cuja inteira aparência é de tal beleza que não deixa possibilidades para admirar as partes isoladas."

Sêneca, filósofo estoico

Essa técnica parece um pouco repetitiva, mas o contexto agora é diferente: no ambiente corporativo, não use roupas provocativas nem ferramentas estéticas de sedução, como maquiagem ou produção excessiva.

Você precisa ser muito mais cautelosa, porque, do contrário, vai atrair ainda mais rivais, críticas e fofoca de outras mulheres, tendendo a ser malvista por bons pretendentes.

Portanto, é muito mais vantajoso não usar maquiagem ou vestir-se de maneira natural e neutra, de modo que, quanto menos você se valer de técnicas estéticas no trabalho, melhor.

O fato de interagir intelectualmente com homens, mostrando sua capacidade de resolver problemas, ser pragmática e suprimir emoções, fará que o pretendente a perceba como diferenciada, e você chame ainda mais atenção.

Você vai se destacar pela atração feminina e pelo magnetismo, não pela imagem pura e simples. Enquanto se torna anônima entre outras mulheres, terá destaque na atenção masculina. A regra é simples: quanto mais natural, melhor.

Lembre-se de que os homens não focam na feminilidade artificial, mas em tudo que é natural. Mantenha a feminilidade ativa, que vai irradiar psiquicamente em seus comportamentos.

NO TRABALHO

Sorria para ele quando se encontrarem no corredor ou no elevador e desvie o olhar lentamente, baixando a cabeça, sem deixar de sorrir

"É mais fácil obter o que se deseja com um sorriso do que à ponta da espada."

William Shakespeare, dramaturgo e poeta

No trabalho, sorrir também é uma ferramenta extremamente valiosa, porque transmite a ideia de disponibilidade.

Caso estejam em uma reunião formal ou tratando de um assunto importante, mantenha a postura mais séria; no entanto, em momentos mais descontraídos, quando nenhum assunto profissional estiver sendo abordado, o fato de sorrir para chamar a atenção dele será muito bem-vindo.

Pode ser quando estiverem tomando um café na copa, quando você o encontrar no corredor, quando o vir chegando na empresa ou quando ele for embora. Vale utilizar gestos femininos e sutis, como dar um bom-dia ou despedir-se com um sorriso, o que impacta de modo positivo a mente masculina, além de demonstrar respeito e gentileza.

No entanto, se usá-los com consistência e intensidade, o pretendente fará uma leitura ambígua desses gestos, o que vai gerar magnetismo e atração, ativando o instinto de caça dele, mesmo no trabalho, sem que você chame atenção para si ou manifeste seu interesse de maneira explícita.

Vale lembrar que, quanto mais o pretendente pensa em você, mais ele se aproximará do estado de se apaixonar.

NO TRABALHO
Puxe assuntos pessoais quando conversarem

> "Não há assuntos pouco interessantes; apenas há pessoas pouco interessadas."
>
> G. K. Chesterton, escritor e filósofo

Uma maneira de atrair um pretendente no ambiente de trabalho e ativar o magnetismo, além dos instintos de caça e de território masculinos, é começar a flexibilizar um pouco o leque de conversas que você tem com ele.

Quando estiverem em um ambiente onde não se está falando de trabalho, de preferência sem muitas pessoas por perto, para a conversa não se perder puxe alguns assuntos pessoais e faça algumas perguntas. Pergunte sobre a vida pessoal dele ou sobre fatos do cotidiano, nada íntimo demais.

Por exemplo, você está em uma reunião ao lado dele, esperando para começar, e você vê uma foto de seu gato de estimação e fala para ele: "Você já viu minha gatinha?", e então desenrola o assunto dali falando sobre ela, perguntando se ele tem algum pet, se ele gosta de gatos etc.

Além disso, você pode se basear nos assuntos não tão íntimos do vestibular dos quatro pilares para sentir o alinhamento que vocês têm um com o outro. Como por exemplo falar sobre religião, como ele enxerga o papel do homem e da mulher no trabalho, planos, rotinas, proximidade familiar, em que bairro ele mora etc.

Além disso, ao flexibilizar a pauta de conversas, você conseguirá verificar se ele é recíproco. Se ele responder às suas questões e fizer perguntas pessoais para você, isso será um ótimo sinal. Essa troca estabelece um diálogo respeitoso e aumenta a conexão e a compatibilidade entre vocês.

NO TRABALHO
Faça uma pausa no horário em que ele toma café

"O segredo do seu futuro está escondido na sua rotina diária."

Mike Murdock, pastor e escritor

Essa técnica é muito simples e envolve a observação de hábitos e rotinas do pretendente. Vale lembrar que, quando falamos de ambiente corporativo, as técnicas da SAA são muito poderosas justamente pela sutileza e pelo anonimato.

É preciso enfatizar que é essencial se valer da elegância e da delicadeza para que esses movimentos sejam extremamente suaves e imperceptíveis. Na rotina de trabalho de vocês, observe os momentos em que o pretendente faz pausas ou vai tomar café; em algumas dessas pausas, vá com ele.

A intenção é criar momentos em que aparentemente vocês se encontram por acaso, iniciando uma conversa; nesse momento, você vai utilizar as técnicas de diálogo, de conversa ou de flerte a distância, caso ainda esteja um pouco mais distante do pretendente, mesmo no ambiente corporativo.

Em outras palavras, a técnica agora é observar os momentos em que ele faz uma pausa no trabalho para que você possa aproveitar esses instantes (mas não todos) e também fazer uma pausa.

Se já tiverem certa convivência ou relação de coleguismo, não hesite em tomar a iniciativa para conversar e se aproximar dele, e pode até utilizar a técnica anterior.

Se ainda não tiver intimidade com ele, use as técnicas mais discretas do flerte a distância para chamar sutilmente a atenção dele no momento da pausa, de modo que ele possa tomar a iniciativa.

Vale frisar: no ambiente profissional, tudo precisa ser feito com muita discrição.

NO TRABALHO

Em eventos da empresa, busque ficar próxima dos locais em que ele está

"Diz-se da melhor companhia: a sua conversa é instrutiva; o seu silêncio, formativo."

Johann Wolfgang von Goethe, escritor, poeta e filósofo

Essa técnica é relativamente intuitiva; ainda assim, é importante explicar como funciona, uma vez que muitas pessoas costumam se comportar de maneira oposta. Em confraternizações na empresa, por exemplo, sempre busque, de maneira sutil, elegante e delicada, estar no campo de visão do pretendente, de modo que ele note sua presença.

Com todas as técnicas anteriormente apresentadas, as quais, vale lembrar, primam pela sutileza, pela ambiguidade e pelo anonimato, cative-o com sua feminilidade.

Vamos supor que vocês estejam em uma convenção da empresa; é um ótimo lugar para tentar sentar-se próxima a ele, ou pegar algo na mesa de *coffee break* perto dele, ou até mesmo entrar na roda de conversas em que ele se encontre, caso conheça alguém que também esteja lá.

Lembre-se de que as técnicas da SAA funcionarão somente se você estiver com a feminilidade ativada. No contexto profissional, é essencial diferenciar as energias para cada momento.

Durante o expediente, sua energia será masculina, de produtividade; já em momentos de descontração, você precisará fazer uma mudança rápida para a energia feminina, por meio das técnicas da SAA; e, ao retornar ao trabalho, deverá retornar à energia de produtividade. Saber dosar ambos os tipos de energia é próprio das matriarcas.

NO TRABALHO
Peça ao pretendente algo emprestado

> *"Aquele que não tem confiança nos outros não lhes pode ganhar a confiança."*
>
> Lao-Tsé, filósofo e escritor

Esta é uma técnica bastante simples que costumamos usar no dia a dia, de maneira despropositada. Apesar disso, cria-se certo vínculo emocional, o que demonstra que existe confiança entre as pessoas que participam dessa interação.

A SUTIL ARTE DE ATRAIR

Solicitar um objeto emprestado ao pretendente, ou mesmo fazer um pedido sincero de ajuda, com elegância, demonstra que você nutre confiança por ele, e, de quebra, consegue verificar se ele se mostra solícito, disposto a emprestar aquilo que lhe foi pedido e a retribuir a atenção que você está dando a ele.

Podem ser coisas simples, como pedir emprestado um grampeador, ou algum instrumento de trabalho que esteja faltando e você precise.

Claro, depois não se esqueça de devolver o que solicitou; esse também é mais um momento para você interagir com o pretendente. O ato de pedir algo emprestado vai gerar no homem a sensação de se sentir importante e potente, o que é extremamente motivador para os homens masculinos.

Além disso, como dito anteriormente, isso criará ou reforçará o vínculo afetivo entre vocês, mesmo sendo apenas colegas de trabalho e estando no ambiente corporativo.

NO TRABALHO
Busque ser cooperativa de maneira mais acentuada

"A dúvida é o princípio da sabedoria."

Aristóteles, filósofo

Essa técnica também é extremamente sutil, então é importante ater-se aos detalhes.

No ambiente profissional, é essencial que, como profissionais, sejamos cooperativos com todos os membros das equipes de trabalho. Entretanto, na interação com o pretendente, você deve ser um pouco mais enfática, de modo que ele fique com uma pontinha de dúvida: você age com todos da mesma forma ou é só com ele que costuma ser ainda mais gentil e solícita?

É exatamente esse efeito de dúvida que queremos trazer para a mente do pretendente. Como vimos, a dúvida, o mistério e a ambiguidade prendem a mente masculina num processo investigativo, e o pretendente vai começar a prestar mais atenção em você.

Isso pode ser feito em reuniões, por email, por telefone, em solicitações entre departamentos etc.

Vale ressaltar que você deve manter com os demais colegas uma postura similar de cordialidade e colaboração, pois desse modo ninguém estranhará sua atitude com o pretendente. Somente ele reparará que recebe um pouco mais de sua atenção. Se ele já tiver algum interesse em você, essa técnica servirá para reforçar esse sentimento.

CAPÍTULO 9

NA ACADEMIA
Peça ajuda com algum aparelho

"A vulnerabilidade soa como verdade e sente-se como coragem."

Brené Brown, pesquisadora e escritora

Para quem gosta mais de esporte e academia, neste módulo conheceremos as técnicas que podem ser usadas nesse ambiente. Não há nada mais convidativo para um homem que um pedido de ajuda na academia. Essa é a maneira mais sutil e também a mais persuasiva que você pode oferecer a ele para que ocupe um espaço masculino com você.

Quando for usar um aparelho no qual os pesos são livres, por exemplo, você pode perguntar se ele não se importaria em ajudá-la a colocar os mais pesados no equipamento.

Esse convite é irresistível para homens masculinos, porque não há nada mais satisfatório a um homem que ser útil à sociedade e, principalmente, às mulheres, recebendo, em troca, a admiração delas, algo muito atraente para eles. A partir do momento em que pede ajuda, ele passará a prestar muita atenção em você.

Uma outra forma de pedir ajuda é usar um aparelho complexo, que geralmente é mais difícil de entender, como por exemplo uma extensora/flexora com muitos pontos de ajuste. Você pode então pedir para ele ajudar a regulá-lo ou perguntar se está correta a forma de uso.

Lembre-se: quanto mais convincente for o pedido, mais influente e persuasiva você será.

NA ACADEMIA
Olhe, sorria, desvie o olhar e foque no exercício, sem olhar mais de volta

"As mais lindas palavras de amor são ditas no silêncio de um olhar."
Leonardo da Vinci, polímata

Na academia, é preciso tomar certos cuidados, por alguns motivos. Muitas pessoas frequentam esse espaço apenas para flertar, mas agem de maneira equivocada, usando o corpo como principal ferramenta de sedução.

Como vimos, utilizar a sedução fará você atrair parceiros com características indesejáveis, que buscam somente uma aventura sexual. Se você deseja encontrar um parceiro de vida e ter um relacionamento maduro, não deve utilizar o corpo para atrair a atenção, em especial na academia, onde as pessoas estão focadas em melhorar o próprio físico, que é o propósito desse espaço.

Por isso, não perca o foco nem flerte como se estivesse em um bar. Você deve usar a técnica da SAA, que é olhar, sorrir, desviar o olhar e focar no próprio exercício, sem olhar mais de volta. Essa técnica funciona muito bem em consonância com as demais técnicas do flerte a distância, com o olhar ambíguo e a mexida nos cabelos. Assim que perceber que algum homem está olhando para você, mexa nos cabelos e desvie o olhar; quando ele parar de olhar, olhe para ele mais uma vez, mexendo nos cabelos, e assim por diante.

Considerando que a academia é um espaço onde o corpo está mais exposto, por mais discreta que você seja, cuide para não mostrar mais que o necessário. Quando perceber que o pretendente olha para você de maneira consistente e rotineira, demonstre reciprocidade com um sorriso direto e continue focada no exercício, sem olhar mais para ele.

Isso transmitirá um sinal de ambiguidade, despertando certo senso de admiração da sua parte em relação a ele, o que é extremamente atraente para os homens. Nunca é demais repetir: a ambiguidade e o mistério sempre trabalham em favor da mulher.

NA ACADEMIA
Olhe para ele pelo espelho e, quando ele perceber, desvie o olhar

"Um olhar diz mais que mil palavras."

Provérbio popular

Essa técnica é bem similar à anterior, mas como o olhar é indireto, você pode fazê-la mais de uma vez, talvez duas ou no máximo três.

Vale lembrar que a academia é um ambiente que propicia mais oportunidades de interação, sobretudo pelo fato de o foco estar no físico. Ainda assim, não podemos ser explícitos demais. A técnica de olhar pelo espelho gera dúvida razoável, que leva ao sentimento de ambiguidade.

O fato de olhar pelo espelho faz que você não "invada" tanto o espaço dele, de modo que a interação será indireta. Você estará usando nada menos que a técnica do olhar ambíguo, mas por meio de um espelho. Assim que perceber que ele olhou para você, desvie o olhar suavemente e mire outro ambiente.

Quando perceber que ele parou de olhar, olhe de novo para ele. É importante deixar claro que, na academia, não se deve exagerar na dose, levando em consideração o propósito desse espaço.

A técnica é a mesma utilizada em outras ocasiões de flerte, como em um evento social, mas onde você pode olhar diretamente para o pretendente e por mais vezes. A princípio, isso pode parecer não fazer sentido, mas psiquicamente o pretendente sente que há um obstáculo a mais entre vocês.

Você vai perceber que ele tenderá a ser recíproco, tentando olhá-la fora do espaço do espelho. Esse é um sinal de que ele quer progredir na interação de atenção e na reciprocidade afetiva.

NA ACADEMIA
Pergunte se ele está usando algum aparelho

"A resposta certa não importa nada: o essencial é que as perguntas estejam certas."

Mário Quintana, poeta e escritor

Na academia, é preciso criar contextos de interações sutis e suaves que conectem vocês de maneira bastante elegante.

Quando souber que o pretendente está usando algum aparelho, ou mesmo depois que ele tiver terminado de usá-lo, mas ainda estiver próximo, você pode se aproximar e perguntar, de maneira sutil, se ele está usando o equipamento ou se você pode utilizá-lo; e, caso ele ainda esteja finalizando uma série, você pode perguntar se vocês podem revezar o aparelho.

Mesmo que saiba a resposta, o objetivo das técnicas de atração é promover um ritual social para prender a atenção do homem, fazê-lo olhar para você, gerando a sensação de magnetismo.

Nem sempre o pretendente entenderá que essa é uma forma de atração, porém, se você usá-la e combinar com mais uma ou duas técnicas no mesmo dia, isso vai começar a gerar nele confiança em interagir com você. Ou se você usar essa mesma técnica algumas vezes – não sempre – em dias diferentes, caso tenham horários em comum na academia e se encontrem com frequência.

Essa interação fará que ele preste atenção em você e passe a pensar em você, o que abre espaço para outras interações e outras conversas. Nesse momento, usamos as técnicas da conversa ao vivo, que funcionam em sinergia com todos os contextos.

NA ACADEMIA
Não use roupas que exponham demais o corpo

"A modéstia é o mais nobre de todos os adornos."

Sabedoria judaica

É preciso ressaltar essa técnica, uma vez que muitas mulheres agem de maneira oposta. É justamente pelo fato de a academia ser um espaço em que o foco prioritário é o corpo e o cuidado com a saúde física que você deve tirar ainda mais a ênfase do próprio corpo. Assim, usar roupas que a exponham menos vai gerar certo mistério, sem que você seja vulgar, porque o ambiente é propício para isso.

Mesmo que você sinta muito calor durante o exercício, lembre-se de que homens, que tendem a ser mais calorentos, também sentem calor e nem por isso usam roupas curtas ou ficam sem camiseta nos ambientes de treino, a não ser que seja um esporte praiano ou aquático.

Ser elegante é agir de maneira adequada no ambiente em que se está. Não se trata de congruência social, mas sim da capacidade de entender de qual forma se deve portar no espaço onde se está. Portanto, se não se expuser demais, você vai expressar feminilidade e elegância em seu comportamento.

Isso é muito mais atraente e magnético que simplesmente expor demais o próprio físico e usar trajes menores. Valha-se de seus comportamentos e certamente vai atrair a atenção de muito mais homens maduros, afastando os pretendentes indesejáveis.

NA ACADEMIA
Utilize aparelhos que estejam no raio de visão dele

"Quem não é visto não é lembrado."

Provérbio popular

Essa pode ser uma técnica um tanto óbvia, mas quem não é vista não é lembrada. Sabendo que os homens são visuais, quanto mais você, de maneira sutil, elegante e anônima, aparecer no campo visual dele, melhor será, porque isso tende a atrair a atenção do pretendente.

Vamos supor que ele esteja fazendo levantamento de halteres na frente do espelho. Você pode pegar um aparelho diretamente atrás dele, onde saiba que o campo de visão dele vai cruzar com o seu.

Além disso, você pode, nos intervalos do seu exercício, aproveitar para fazer a técnica de olhar para ele pelo espelho até que ele note.

Lembre-se de que a SAA é um conjunto de técnicas, não foque apenas em uma, sempre expanda seu repertório e faça novas combinações. Não estamos falando de um jogo de sedução, mas sim de uma arte de atração que é sutil, e por isso você deve ter mais ferramentas para que possa alcançar melhor resultado.

Sempre que puder, sem ficar ansiosa, altere a ordem dos exercícios ou faça um diferente para que fique no raio de visão do pretendente. Quanto mais for vista por ele, mais a mente dele marcará sua imagem e mais ele pensará em você.

NA ACADEMIA
Tenha consistência de treino

"A força não provém da capacidade física. Provém de uma vontade indomável."

Mahatma Gandhi, líder político e espiritual

Na academia o clima é de certa descontração e desestresse; contudo, como já expliquei antes, tome muito cuidado para não expor demais o corpo, pois isso pode ser entendido como vulgaridade.

Há um elemento que chama atenção de homens masculinos, mas passa despercebido no radar da maioria das mulheres: trata-se da consistência do treino feminino. Quando a mulher malha de maneira séria e é consistente na própria educação física, os homens passam a prestar atenção nela, que se torna admirável aos olhos deles.

O fato de a mulher conseguir fazer algo difícil do ponto de vista deles, como manter a consistência nos treinos, desperta-lhes o sentimento de respeito e admiração, uma vez que, agindo assim, você demonstra força de vontade e respeito ao propósito daquele ambiente.

Essa técnica é excelente por si só, principalmente se você tiver um horário de treino compatível com um homem que chama sua atenção. Vocês se cruzarão na academia quase diariamente, e isso aumentará as chances de uma interação.

Nesse caso, a SAA não é direcionada ao pretendente, mas sim a você, uma vez que vai demonstrar respeito por si mesma e, como dito, pelo ambiente. Os homens sabem quão difícil é manter a consistência dos treinos e como isso demanda força de vontade. Portanto, seja consistente nos treinos e conquiste a atenção do pretendente.

NA ACADEMIA
Treine nos mesmos horários dos "homens ocupados"

"Se você deseja um trabalho bem-feito, escolha um homem ocupado."

Sabedoria popular

Essa técnica normalmente passa despercebida por algumas pessoas. Se deseja encontrar um homem de valor na academia, é importante entender que ele terá alto nível de disciplina, ambição e liderança, o que faz que tenha altas cargas de responsabilidade nos círculos sociais nos quais convive.

Essas características costumam se correlacionar com homens entre vinte e quarenta anos; é sobretudo ao longo dessa faixa etária que eles passam boa parte do dia ocupados. Dos cinquenta anos em diante, terão mais tempo livre. Esse padrão é facilmente observável ao se constatar que grandes empresários normalmente treinam logo no início da manhã ou, então, no fim do dia.

É importante entender que homens ocupados terão janelas muito restritas, e apenas uma minoria deles, bem-sucedida, consegue treinar na hora do almoço. Será difícil encontrar um homem de valor entre vinte e quarenta anos malhando ao longo da manhã ou da tarde, porque esses horários abrangem o período de expediente laboral, com alta demanda de produção.

Entretanto, não se trata de uma regra estrita; ainda assim, é preciso entender tendências comportamentais. Homens de valor optarão por malhar logo no início da manhã porque sabem que a qualidade do dia muda. Da mesma forma, você vai encontrar boa parcela de homens prósperos, ambiciosos e maduros no fim do dia, priorizando a educação física em vez do lazer.

Considerando que a sociedade exige que homens gerem valor, eles entendem que isso significa criar um padrão de sucesso e prosperidade; portanto, a maioria dos homens de valor opta por cuidar da saúde física no horário mais cedo do dia.

Então, se quer aumentar a probabilidade de encontrar um homem de valor, precisa estar presente no período em que ele abre a janela para a atividade física.

Lucas Scudeler

NA ACADEMIA
Gere interação social sutil ou anônima

"Seja extremamente sutil, tão sutil que ninguém possa achar qualquer rastro."

Sun Tzu, estrategista e filósofo

Essa técnica, assim como muitas outras, é bastante simples e conta com um denominador comum, que é gerar interação social sutil, fazendo o pretendente prestar atenção em seu rosto, em seu tom de voz e em sua feminilidade.

Um exemplo que já foi dado antes, mas que podemos aprofundar com essa técnica, é o de pedir ao pretendente que reveze com você o aparelho que ele está utilizando. Essa é uma excelente oportunidade para estabelecer uma conexão sutil e feminina, porque, na verdade, você toma a iniciativa de pedir a ele que compartilhe o equipamento, de modo que não está partindo para um convite direto a uma conversa informal.

O simples fato de você não se importar de compartilhar o aparelho vai chamar a atenção dele, e, de certa maneira, ele se sentirá empoderado, porque você não demonstrou rejeição, o que é mais um ponto muito positivo.

Se você emanar feminilidade, tenha certeza de que, no intervalo de troca entre vocês no equipamento, ele vai puxar assunto e tomar a iniciativa de abordá-la ou comentar sobre o exercício ou a academia.

Caso você já tenha buscado interação há algum tempo, o assunto poderá extrapolar o âmbito da atividade física, e esse é o objetivo em curto e médio prazo.

A SUTIL ARTE DE ATRAIR

NA ACADEMIA
Faça um elogio casual quando perceber que ele está se esforçando

"Podemos nos defender de um ataque, mas somos indefesos a um elogio."

Sigmund Freud, criador da psicanálise

Essa técnica deve ser usada com bastante cautela, porque precisa de um contexto predefinido, isto é, você já interagiu com o pretendente em outras ocasiões na academia e não são estranhos um ao outro.

Quando você o vir, ou estiver próxima a ele, e perceber que ele está fazendo um exercício com muita carga, elogie-o de maneira casual por aquele esforço físico combativo.

Fazer um elogio físico ao guerreiro é um método ancestral e clássico. Antigamente, as mulheres sempre utilizavam essa técnica como forma de demonstrar interesse e fazer o pretendente prestar atenção nela. O elogio deve consistir em uma observação de admiração e respeito, de maneira extremamente sutil, mas de modo que ele entenda que você admira a força e o esforço físico que ele está empreendendo naquele exercício. Considerando que vocês estão em um ambiente de educação física, seu comentário vai se encaixar harmonicamente naquele espaço.

Por essa razão, essa técnica prima pela elegância e é muito cativante. Vale repetir que deve ser usada de maneira sutil, ou seja, não fique parada admirando-o e fazendo elogios diretos; o comentário deve ser direcionado somente ao esforço físico. Depois, volte a focar no que você estava fazendo.

Mais uma vez, a leitura que ele fará de sua atitude será ambígua, gerando mistério e ativando o instinto de caça.

CAPÍTULO 10

"ENROLADA" OU "FICANDO" COM ALGUÉM
Não permita intimidades antes do compromisso sério

"No que diz respeito ao empenho, ao compromisso, ao esforço, à dedicação, não existe meio-termo. Ou você faz uma coisa bem-feita ou não faz."

Ayrton Senna, piloto de Fórmula 1

Essa técnica é para mulheres "enroladas" que já têm alguma relação com um pretendente, com demonstração mútua de interesse, sem que, no entanto, exista um *status* claro e formal de relacionamento.

Um dos principais erros que fazem as mulheres caírem no *status* de "enrolada" é que a maioria delas permitiu a intimidade antes de um compromisso ser firmado.

Os principais elementos que mais motivam os homens a entrar em um compromisso sério são o estímulo e a motivação sexual; então, quando permite a intimidade antes do compromisso, a mulher retira a maior alavanca de convencimento para o homem aceitar um compromisso. Em outras palavras, se você está "enrolada" – e parece que ele a está "enrolando" mesmo –, é muito importante que, desse momento em diante, você diga a esse pretendente que não permitirá mais intimidades antes de se estabelecer um compromisso sério, porque você não busca uma aventura, mas sim um relacionamento.

Se busca um compromisso sério, mas já está fazendo sexo com ele, você está agindo com incoerência. Para o homem, uma das grandes motivações do relacionamento sério é o sexo; então, se você entrega sexo antes de o relacionamento estar estabelecido, o pretendente não tem nenhuma motivação em pedi-la em namoro. É por isso que é tão importante não manter relações sexuais até que o homem aceite se comprometer com você.

Muitas mulheres temem que, ao negar sexo, o pretendente não tenha mais interesse nelas. O objetivo da SAA é exatamente esse: você deve se relacionar com homens que a admirem por você ser quem é, não que busquem apenas sexo. Homens que se preocupem, que a respeitem, que querem afetividade, carinho e feminilidade de sua parte.

Então, essa técnica serve para ativar o instinto de caça sem permitir intimidades antes do compromisso sério. Se já tiver acontecido, acabe com o "rolo"; do contrário, diga claramente que não haverá intimidades antes que o relacionamento esteja firmado.

A SUTIL ARTE DE ATRAIR

"ENROLADA" OU "FICANDO" COM ALGUÉM
Não fique sozinha com ele em ambientes particulares

"Não há lugar para a sabedoria onde não há paciência."

Santo Agostinho, teólogo e filósofo

Como já dito, este módulo é particularmente voltado às mulheres que se deixaram levar e acabaram pulando etapas no relacionamento e permitindo intimidades antes da hora.

É importante agora entender que, uma vez que você já entregou muito mais afeto do que o homem mereça, o princípio é você começar a reduzir esse afeto, diminuir a quantidade de atenção que dá a ele, para que ele sinta falta do afeto que recebia antes.

O grande problema das "enroladas" é que elas não conseguem definir o *status* do relacionamento porque têm dado muito afeto e cobrado pouco. Para mudar essa situação, é preciso começar a dizer mais "não".

O homem deve ter a iniciativa, mas é a mulher que determina até onde pode ir. É como em uma dança, o homem convida a mulher para dançar, mas você só dança as músicas que estiver disposta. O homem conduz a dança, mas é a mulher que determina onde ela permitirá que ele a toque, eventualmente subindo ou descendo sua mão se ela estiver próxima demais de partes mais íntimas.

Para isso, uma das ferramentas mais eficazes é não se permitir mais ficar sozinha em ambientes particulares com ele. É preciso que ele entenda que não terá mais intimidades com você enquanto o compromisso não estiver formalizado. Neste módulo, todas as técnicas funcionam em sinergia.

Então é preciso impor alguns limites importantes sem ser agressiva, com elegância, harmonia, graça e feminilidade. Evite agradar. Se você ceder mais uma vez à intimidade, mais vai afastá-lo de você, caracterizando-se uma mulher que aceita fazer parte do harém dele.

"ENROLADA" OU "FICANDO" COM ALGUÉM
Não aceite conhecer a família dele

"Não coloque a carroça na frente dos bois."

Ditado popular

É bom não se esquecer de que, sempre que a mulher estiver numa situação "enrolada", isto é, em um relacionamento indefinido, no qual já deu mais afeto do que sente que recebeu, então há desequilíbrio, sobretudo no quesito reciprocidade afetiva. Por isso, é muito importante que esse desequilíbrio seja corrigido, e, para isso, você terá de dar menos.

De acordo com o princípio de dar um pouco menos, essa atitude pode parecer contraintuitiva, porque a mulher deseja que o relacionamento progrida e o homem invista mais. No entanto, perceba que, se continuar dando mais, ele perderá o interesse, e você correrá o risco de o relacionamento se desfazer.

Essa técnica funciona assim: quando ele quiser apresentar você à família, não aceite se ele ainda não tiver formalizado o namoro. As coisas precisam acontecer na ordem certa para que o homem entenda que está entrando em um relacionamento. Não aceite ser tratada como namorada sem que ele lhe diga, com todas as letras, que você é a namorada dele.

Vale repetir que as técnicas deste módulo visam diminuir muito a afetividade com ele, uma vez que a maioria das mulheres "enroladas" já estão em estado de desequilíbrio afetivo. Ao utilizar as técnicas apresentadas aqui, você vai aumentar seu poder de atração e seu magnetismo e sentir que ele quer levar o relacionamento adiante.

"ENROLADA" OU "FICANDO" COM ALGUÉM
Não o leve para conhecer sua casa

"Cem homens podem formar um acampamento, mas é preciso uma mulher para se fazer um lar."

Provérbio chinês

Essa técnica é extremamente efetiva para mulheres "enroladas", que estão ficando com o cara, mas ele não dá o próximo passo para pedi-la em namoro.

O lar é uma das coisas mais sagradas para uma mulher, e você não deve corromper o seu colocando dentro dele um homem com o qual não tem um relacionamento sério. Permita que somente homens honrados estejam em sua casa.

Enquanto ele não se compromissar com você, não lhe permita estar lá, muito menos que durma com você. Tudo tem de ser feito da porta para fora. Isso o instiga a conquistar um ambiente, porque os homens têm instintos de caça e de território. Se você deixar claro que ele só poderá frequentar sua casa quando o relacionamento for firmado, aquilo passará a ser uma meta para ele. Essa postura de proteção do lar é muito coerente com a feminilidade ativa.

No entanto, mesmo que vocês já estejam namorando, recomendo que não deixe o parceiro dormir na sua casa. Dormir juntos é um comprometimento entre marido e mulher. Sabemos que hoje, no mundo moderno, dormir juntos antes do casamento é bastante comum, mas isso não significa que você deva fazer o mesmo.

O ato de dormir juntos cria um laço afetivo de intimidade, e, muitas vezes, a mulher acredita que o relacionamento é mais sério do que de fato é, e o homem se satisfaz porque recebe valor de esposa, sem que ele, na realidade, tenha comprometimento com uma esposa. Isso acaba fazendo o relacionamento travar, não progredir.

Quando vocês se casarem, o ideal é que ele não se mude para sua casa, mas sim que vocês tenham outra casa para morar, que ele também contribua para adquiri-la, seja como parte compradora ou dividindo as despesas com o aluguel.

Vale repetir: não morem na sua casa, porque isso elimina o instinto masculino de provimento e faz o homem se acomodar, e a mulher acaba assumindo o papel de provedora. Mesmo que você tenha sua casa, o ideal é colocá-la à venda ou disponibilizá-la para aluguel, gerando receita, e vocês terem um novo lar juntos, construído do zero.

Isso passa a ser um projeto do casal, o que, além de ser extremamente saudável, ativa o instinto de provimento dele e gera segurança financeira para vocês por meio da venda ou do aluguel do imóvel anterior.

A SUTIL ARTE DE ATRAIR

"ENROLADA" OU "FICANDO" COM ALGUÉM
Não viajem juntos

> "O verdadeiro homem mede a sua força quando se defronta com o obstáculo."
>
> Antoine de Saint-Exupéry, autor do livro O Pequeno Príncipe

Essa técnica orienta que não se deve viajar com o parceiro porque, para isso, é necessário ter intimidade. Vale lembrar que não se deve permitir intimidades antes de o relacionamento estar firmado.

Quando a mulher se impõe nesse sentido, o homem passa a desejar esse contato próximo. No entanto, se o homem ainda não se comprometeu nem a pediu em namoro, a mulher não deve permitir esse tempo de qualidade para ele, mesmo que o deseje muito. Somente depois que tudo estiver formalizado, esses pequenos rituais poderão e deverão acontecer.

Se por acaso vocês forem dos mesmos círculos de amizade e eventualmente um grupo viaja junto, tome muito cuidado. Não beba a ponto de ficar alegre, pois isso fará com que você tenha maior suscetibilidade a narrativas masculinas, mesmo que ainda esteja consciente.

Além disso, durma em quarto separado, sozinha ou junto com amigas, para que ele não pense que irá dar um passo além sem que tenham um compromisso sério. Se ele a convidar explicitamente ou tentar algo com você, deixe bem claro que o que você quer é um relacionamento sério e não uma aventura sem compromissos.

Se realmente estiver a fim de você, ele dará o próximo passo, que é a pedir em namoro, caso contrário, as intenções dele são exclusivamente sexuais e ele manterá o contato com você enquanto tiver liberdade de ficar com outras, ou começará a se afastar assim que vocês tiverem intimidade pela primeira vez.

"ENROLADA" OU "FICANDO" COM ALGUÉM
Não dê satisfação sobre o que faz ou deixa de fazer

> "A liberdade é a possibilidade do isolamento. Se te é impossível viver só, nasceste escravo."
>
> Fernando Pessoa, poeta e dramaturgo

Para a mulher que ainda está "enrolada", fora de um relacionamento sério, é essencial não dar satisfação sobre a própria vida. Pelo fato de o homem ser territorialista, se realmente gostar de você, ele vai querer que diga o que faz ou deixa de fazer, bem como que dê outras informações que saem da rotina.

Se isso acontecer antes de o compromisso ser firmado, ele vai ficar em uma situação extremamente confortável e tenderá ao comodismo, porque sabe que a mulher é leal e fiel. Por essa razão, conforme já dito, é preciso reduzir o nível de afeto, e você dará satisfação somente quando ele agir da mesma maneira. Isso é reciprocidade afetiva.

Por exemplo, se você vai na casa de sua mãe, não o avise, e deixe o celular de lado; quando ele perguntar onde estava ou dizer que estava demorando para responder, diga de forma direta e simples, sem justificar, que estava na casa da sua mãe.

Se ele só responder e depois ficar em silêncio, desconfiado, deixe-o com a pulga atrás da orelha, porque esse mistério de se você "pertence" a ele ou não, se você estava realmente na casa da mãe ou não, é o que vai fazer ele se atrair ainda mais por você.

Vale ressaltar que você não deve mentir em hipótese alguma. Não estamos fazendo jogos fictícios, apenas modulando a afetividade que damos ao pretendente no mesmo nível que ele está entregando a você.

Se ele não a pediu em namoro, não dê satisfação ou justificativa que um *status* de namoro merece.

"ENROLADA" OU "FICANDO" COM ALGUÉM
Não o presenteie (lembranças carinhosas não contam como presentes)

"A simplicidade é a chave da verdadeira elegância."

Coco Chanel, estilista

Presentes envolvem investimento financeiro, afetivo e energético. O fato de a mulher presentear o homem antes de o relacionamento sério estar firmado gera imenso débito afetivo (e, muitas vezes, econômico), de modo que, para o relacionamento continuar, o homem terá de suprir toda essa "dívida".

A maioria dos homens, ao se perceberem nessa situação, pulam fora. Por isso, uma técnica sutil para não sabotar o relacionamento é não dar presentes significativos ainda nessa fase "enrolada", em que o vínculo de envolvimento emocional está frágil.

Grandes demonstrações afetivas geram desequilíbrio no princípio da reciprocidade afetiva. No entanto, essa técnica não deve ser utilizada na fase de namoro, noivado ou no casamento.

Lembranças carinhosas são algo que você mesma faz, ou um bilhete carinhoso; cuidado também para não dar a ele algo afetivo, como uma corrente que sua vó deixou para você e que tenha um significado importante em sua vida.

"ENROLADA" OU "FICANDO" COM ALGUÉM
Não o convide a participar de seus eventos sociais

"Você não sabe o que é amor, porque não entende o que é compromisso."

Diálogo do filme *Closer – Perto Demais*

Outra técnica extremamente importante para quem está "enrolada" é não convidar o pretendente a participar de seus eventos sociais. Isso deve ser reservado apenas ao homem que se comprometeu oficialmente com você e está disposto a mostrar às pessoas do círculo social dele que você é sua parceira oficial.

Enquanto essa formalização não acontecer, você não deve permitir que ele ocupe espaço no campo mais íntimo de sua vida. Por exemplo, não o convide para o seu aniversário em família que acontece dentro de sua casa apenas com amigos mais próximos e de infância. Não chame ele para festas de alguém da sua família, ou para a sua colação de grau etc.

Nessa etapa indefinida do relacionamento, ele deseja ser tratado como namorado, mas não quer o ônus do compromisso.

É preciso, então, mantê-lo em um espaço periférico, de modo que perceba que o fato de não participar de sua vida na totalidade lhe pareça uma perda, o que gerará o desafio de conquista, ativando o instinto de masculinidade. Por isso, repito: não deixe o pretendente ocupar seus espaços sociais antes de formalizar o compromisso com você.

"ENROLADA" OU "FICANDO" COM ALGUÉM
Nunca mude sua rotina para ficar disponível para ele

"A primeira e melhor vitória é conquistar a si mesmo."

Platão, filósofo

Infelizmente, vejo poucas mulheres utilizando essa técnica, que é não flexibilizar a rotina a um pretendente. Nunca desmarque um compromisso com outras pessoas, principalmente familiares e amigos íntimos, para atender à demanda de um pretendente que ainda não tem compromisso sério com você.

Algo que vejo muitas mulheres fazerem é sacrificar as próprias atividades em detrimento do pretendente. Se tiver uma rotina sagrada e de autocuidado benéfica, não a interrompa apenas para atender a um pedido do pretendente, por melhor que ele seja.

Jamais flexibilize sua rotina a um homem que ainda não se comprometeu a ser verdadeiramente seu parceiro de vida. Ele está em uma fase de transição, e é necessário lançar desafios de conquista para que se comprometa.

Mulheres têm o instinto inato de se sacrificar para agradar ao outro, mas os homens não. Por isso, é importante ressaltar que esse comportamento é prejudicial para um relacionamento de longo prazo.

Porém, quando não puder encontrá-lo em um horário que ele sugeriu, não negue apenas nem o deixe sem uma resposta. Diga que você já tem um compromisso e sugira um novo dia ou horário. Cuidado também para não ir à polaridade oposta e ser inflexível.

"ENROLADA" OU "FICANDO" COM ALGUÉM
Não romantize nem se iluda com o pretendente; analise-o pelos atos, não pelas palavras

"Suas atitudes falam tão alto que eu não consigo ouvir o que você diz."

Ralph Waldo Emerson, ensaísta, poeta e filósofo

Essa técnica é muito poderosa para neutralizar uma das principais ilusões femininas, que é a ilusão da princesa. Assim, não romantize nem idealize as situações.

Muitas mulheres tendem a enxergar a situação por um viés idealizado, e não o fazem de maneira racional. Isso significa que, sempre que você tiver percepção de uma situação afetiva e amorosa no relacionamento, tentará buscar pontos positivos para justificar seu comportamento afetivo em relação a esse homem.

Existe nas mulheres um impulso inato de romantização e idealização, desejando que aquele projeto idealizado dê certo, o que garantirá grandes vantagens muito desejadas pela alma feminina, como proteção, segurança e provimento.

No entanto, a postura da matriarca, muito mais prudente, é observar a realidade dos fatos, analisar o homem e como ele é de fato, para então exprimir um julgamento relacionado aos atos dele, não ao que ele diz.

Uma das maneiras de neutralizar a ilusão da princesa é nunca acreditar em tudo que o homem diz, mas apenas nas atitudes dele. A mulher também não deve buscar justificar qualquer tipo de comportamento equivocado e incompatível por parte dele.

Por isso, enxergue esse homem somente pelas atitudes que demonstra durante o convívio com você.

"ENROLADA" OU "FICANDO" COM ALGUÉM
Não fale sobre relacionamentos anteriores

"Por que você repara no cisco que está no olho do seu irmão e não se dá conta da viga que está em seu próprio olho?"

Mateus 7:3, Bíblia

Essa técnica é muito importante e valiosa, pois vem de uma sabedoria matriarcal que demonstra que a mulher tem inteligência emocional, uma vez que consegue lidar com as emoções sem depender de um agente externo que a ajude a processá-las.

Por isso, não desabafe nem relate intimidades para o pretendente sobre relacionamentos anteriores durante esse período de fragilidade do relacionamento. Evidenciar fatos que aconteceram em relacionamentos passados pode transmitir ao pretendente a impressão de que você costuma expor o parceiro.

Caso ele seja um homem maduro, isso pode deixá-lo em estado de alerta; se for imaturo, certamente vai se valer disso para conseguir o que quer, tendo em vista que ele não tem interesse afetivo em você e no relacionamento, somente quer obter a caça e explorá-la. Vale lembrar que o maior objetivo do homem imaturo é a conquista sexual.

Ao ouvir esse tipo de desabafo, no qual você relata as más experiências com o parceiro anterior, o homem maduro tenderá a agir com mais cautela, temendo ser futuramente exposto, e você vai procrastinar o interesse dele em querer firmar um relacionamento sério com você.

Além disso, você demonstra não ter conseguido lidar com traumas passados e ainda não ter superado o relacionamento anterior. Tanto você como ele não têm de saber sobre relacionamentos passados, mas devem estar presentes no momento atual para se conhecerem e descobrirem se estão alinhados um com o outro (de acordo com o vestibular dos quatro pilares, que veremos adiante).

Desse modo, a relação naturalmente progredirá para um namoro, e apenas nesse cenário estável e seguro você poderá evidenciar, aos poucos, situações ou emoções passadas e não resolvidas, levando em consideração o nível de maturidade que o relacionamento atual permite e suporta.

"ENROLADA" OU "FICANDO" COM ALGUÉM
Não fale sobre o que não gosta nos homens

"Todo julgamento se revela como autojulgamento no fim das contas, e, quando isso é entendido, uma compreensão maior da natureza da vida toma seu lugar."

David R. Hawkins, psiquiatra e professor espiritual

Essa técnica, bastante simples, mas que poucas mulheres praticam, consiste em não falar mal de coisas que você não aprova nos homens.

Há dois principais motivos para você praticá-la. O primeiro é porque ninguém gosta de ficar perto de gente que reclama. O ato de reclamar, na realidade, demonstra grande ineficiência afetiva, emocional e mental, que simplesmente diz que você permanece em estado juvenil, no qual não entende como obter certo resultado e, por isso, pede de novo.

O segundo é porque, ao reclamar das características masculinas de que não gosta, você incorre numa falácia lógica, que é a generalização. Então, no instante em que reclama das atitudes de um antigo parceiro, você acaba deixando claro quão imatura era quando aquilo aconteceu; além disso, o fato de reclamar como se aquilo ainda fosse algo presente demonstra automaticamente que você tem comportamento imaturo compatível com o dos homens sobre os quais reclama.

Evite palavras determinantes como "detesto", "jamais", "nunca", "não suporto", "odeio", "credo" etc. Essas palavras geram aversão e nojo e mostram sua intolerância, criticismo e rigidez, que são sombras masculinas tomando o lugar de sua feminilidade.

Claro que em um contexto de leveza, ou brincadeira, você pode falar de forma espontânea, mas essas palavras unidas com um tom de seriedade ou realmente aversão vão afastar um homem masculino de você.

Por isso, abandone esse hábito. Foque no positivo e guarde suas observações para si mesma.

CAPÍTULO 11

NAMORANDO, NOIVANDO OU CASADA
Não critique quando ele fizer algo de que você não goste

> *"Nada se esquece mais lentamente que uma ofensa e nada mais rápido que um favor."*
>
> Martinho Lutero, monge agostiniano e professor de teologia

Essa técnica é para mulheres que estão em um relacionamento sério, seja namoro, noivado ou casamento. A intensidade das regras que conheceremos neste módulo variam caso a caso.

Basicamente, a técnica da SAA nessas situações funciona da seguinte maneira: quando o homem fizer algo de que você não goste, não o critique. Os homens pensam diferente das mulheres e certamente agirão de maneira distinta da que você agiria em uma mesma situação. Isso, muitas vezes, vai desagradar a você, mas é muito importante não criticar, porque colocará o parceiro em estado de defesa e batalha, e a reação dele será se afastar.

Além disso, a crítica é uma energia masculina, de modo que, ao agir assim, você ativará essa energia em si mesma. O que precisa fazer é apenas se afastar e não dar atenção àquilo de que não tenha gostado.

Mulheres maduras entendem que as ferramentas mais poderosas que têm são a admiração e a atenção. Então, quando um homem fizer algo que você não aprova, afaste-se e retire dele a admiração.

O silêncio e a distância trabalham em favor da matriarca, porque, como vimos, o homem quer conquistar e dominar o território, além de desejar o afeto e admiração da matriarca. Afastar-se vai gerar um vácuo que ele vai querer romper.

Por isso, volte-se para Deus, deixe de priorizar o homem naquele momento, e ele correrá atrás de você para tentar entender por que se afastou.

NAMORANDO, NOIVANDO OU CASADA
Durma de camisola e não use maquiagem

"A beleza começa no momento em que você decide ser você mesma."

Coco Chanel, estilista

Para mulheres em um relacionamento sério, vale sempre se lembrar de que os homens são muito visuais e têm instinto de caça e território.

Por isso, se quer realçar a masculinidade do parceiro, é muito importante fazê-lo se sentir masculino; então, se quer se sentir desejada, você não pode tomar a iniciativa, mas sim estimular o sentido mais predominante no homem, que é a visão, ao mesmo tempo que o incita a vir atrás de você.

Com esse entendimento, se quiser reacender a chama do amor ou mesmo a do desejo e a da paixão, durma de camisola e não use maquiagem. Como dito, não tome a iniciativa sexual; deixe essa atitude para o homem. Se a vida íntima de vocês estiver satisfatória, no entanto, você até pode tomar a iniciativa de vez em quando, mas a atitude deve partir dele, na maioria das vezes.

Se ele passar a se acomodar, no início você não vai sentir diferença, porque ele ainda está masculino e tem a energia da libido direcionada a você. Entretanto, conforme você vai tomando cada vez mais a iniciativa, a polaridade inverte, e ele começa a perder a libido e você passa a sentir insatisfação.

Isso se explica pelo fato de você ter desativado o instinto de caça dele. Para reativar esse instinto, instigue a visão dele. Essa técnica é muito sutil, e tenho certeza de que o fato de você dormir de camisola e sem maquiagem passará a atiçá-lo.

A camisola vai realçar o corpo e sua beleza natural, incentivando o parceiro a ir atrás de você. Entretanto, é preciso ressaltar que você não deve criar expectativas no início.

A reativação do instinto de caça ocorre de maneira gradual. Ao desinverter as polaridades, você traz o homem de volta às energias masculinas.

NAMORANDO, NOIVANDO OU CASADA
Envie uma mensagem meiga

> "A mulher deve ser meiga, companheira do marido, tanto na alegria como na tristeza. O homem deve ser amigo da mulher e, no seu amor, deve respeitar sua alma e seu corpo como sagrados que são."
>
> Mahatma Gandhi, líder político e espiritual

Essa técnica é uma das mais subestimadas pelas mulheres. Muitas a praticam, mas sem consciência de quão poderosa ela é, por representar uma atitude extremamente feminina.

Já vi muitos patriarcas emocionados porque as parceiras deixaram uma mensagem amorosa a eles, num dia de trabalho em que estavam estressados ou se sentindo desgastados. A técnica, que é deixar uma mensagem carinhosa, demonstrando cuidado, amor, gentileza (pode ser um bom-dia ou outra mensagem de rotina, seja por meios físicos ou digitais), é extremamente simples, feminina e poderosa.

Se utilizar um meio físico, deixe o recado disponível em um lugar onde você saiba que ele vai ver. Já ouviu falar da "operação *post-it*"? Você pega um bloquinho e escreve mensagens em todos os *post-it*, distribuindo-os em vários lugares. Ao longo do dia, o homem vai encontrando cada uma dessas mensagens amorosas.

Isso fará o coração dele derreter, porque somente quem o ama poderia se lembrar dele dessa maneira, e trará leveza e beleza à rotina dele. Agindo assim, você se diferencia e se torna extraordinária e encantadora aos olhos dele.

Além de os homens valorizarem esse tipo de atitude, você ativa o instinto de proteção, caça e território. Vale ressaltar que um instinto alimenta o outro; então, quanto mais ele a protege, mais quer proteger. Isso é muito vantajoso porque você o faz investir no relacionamento, e, quanto mais ele investe, menos quer sair dele.

Outra oportunidade em que você pode usar essa técnica é em um momento de pressão ou tensão por que ele esteja passando. Você pode deixar um bilhete dizendo quanto o ama ou que admira algum jeito dele, ou até mesmo que você sempre estará ao lado dele ou que acredita que ele irá superar essa fase. Os homens buscam ser admirados, e isso os estimula a vencer os desafios e se aproximar de sua parceira.

No entanto, lembre-se de que as mensagens devem ser autênticas, e o elogio, merecido; do contrário, a afetividade deixa de ser recíproca, já que você estará buscando apenas agradar a ele.

NAMORANDO, NOIVANDO OU CASADA
Plante sementes espirituais em momentos de bom humor

> *"O bom humor é reflexo de um estado de alegria interior. É uma qualidade que eleva e transforma a energia de todos ao seu redor."*
>
> David R. Hawkins, psiquiatra e professor espiritual

Uma das coisas mais importantes num relacionamento sério e de longo prazo é a maturidade espiritual de ambos os cônjuges. É essencial entender que as mulheres têm a tendência natural a se interessar pela espiritualidade antes dos homens, que tendem a ter visão mais materialista, enquanto as mulheres costumam ser mais subjetivas, emocionais e espiritualistas.

Por isso, uma técnica poderosa de atração é a mulher se responsabilizar por trazer a espiritualidade para a vida do casal. Quando aceita essa responsabilidade, ela constrói a visão na mente do parceiro de que é uma mulher sagrada. A mulher sagrada é aquela que o homem mais valoriza.

Um dos fatores mais valiosos que a matriarca tem a seu favor é a conexão com Deus, a qual ela deve trazer para o relacionamento. É exatamente essa maturidade espiritual da matriarca que faz que ela não se desespere com assuntos cotidianos, porque sua visão é do Sagrado, de modo que tende à não violência e à ausência da mentira; em outras palavras, ela valoriza a verdade e o respeito do diálogo.

Quanto mais essa matriarca traz a espiritualidade para o relacionamento, mais ela emana energia de tranquilidade e feminilidade ao parceiro, o que o mantém eternamente apaixonado. Ele vai amar continuamente essa mulher porque sabe que sempre que ela se posiciona é de forma sábia.

Essa sabedoria não é glória pessoal, mas vem dos ensinamentos de Deus para o relacionamento, de modo que, com base na forte intuição que essa matriarca tem, o homem começa a perceber que não teve bons resultados quando deixou de seguir os conselhos dela. Ao mudar de postura, ele vai criando forte vínculo afetivo e espiritual com a mulher, numa parceria transcendental.

NAMORANDO, NOIVANDO OU CASADA
Elogie quando ele fizer algo de que você gosta e crie reforço positivo

> *"Os elogios de um homem para uma mulher podem conquistar seu coração, mas os elogios de uma mulher para um homem podem inspirar sua alma."*
>
> Autor desconhecido

Essa técnica é muito valiosa e de suma importância quando você interage com um homem masculino. Trata-se do elogio e do reforço positivo. Uma vez que os homens são feitos de fúria e buscam admiração, sobretudo a feminina, em especial a da parceira, sempre que ele fizer algo que você admira, discipline-se a dizer a ele como aquilo fez você se sentir e fale como ficou admirada.

Isso dará a ele a percepção de engrandecimento como homem, e esse é um dos principais fatores que os homens buscam em relacionamentos com mulheres femininas. Busque sempre criar um reforço positivo, pois tudo que se reforça aumenta. Essa é uma das atitudes das mulheres maduras e sábias.

Por meio dela, o homem se sente engrandecido, admirado e respeitado, o que reforça seus padrões de masculinidade. Ele passará a tomar mais iniciativa e agirá com mais liderança, e isso vai gerar segurança para a parceira.

Atenção: muito cuidado com a infantilização desse reforço positivo; jamais faça isso com um tom maternal, como uma mãe elogiando uma criança. Faça de maneira adulta e madura, para que as polaridades não se invertam. Ele tem de perceber sua admiração como homem, por suas atitudes, e não por um "orgulho" ou reforço materno, por obediência.

NAMORANDO, NOIVANDO OU CASADA
Sensualize sutilmente atividades do cotidiano

"Tu és toda formosa, amada minha, e em ti não há mancha."

Cânticos 4:7, Bíblia

A sensualização de atividades do cotidiano é muito interessante. Não costumo falar sobre sensualização e sedução, exceto para casais estáveis e, de preferência, casados.

A sedução é uma energia válida no casamento, perfeita para a quebra da rotina, ou em momentos em que o namoro ou o noivado estão esfriando e você está sentindo ele se afastar ou se fechar. Para que a energia do romantismo volte a estar presente na vida do casal, é preciso abrir uma janela de oportunidade para usar a sedução.

Vale ressaltar que a sedução também é uma força de atração num relacionamento monogâmico, estável e, de preferência, matrimonial. Quando a mulher sensualiza sutilmente algumas atividades cotidianas, instiga o instinto de caça do parceiro e o atrai.

Esse é o momento certo para utilizar a energia da sedução. Falo da sensualidade da sedução comportamental, isto é, um olhar, um sorriso, um gesto subentendido nas entrelinhas da linguagem corporal, uma postura, passar na frente dele ou se empinar para pegar algo usando camisola ou um vestido, um toque em determinados locais, não necessariamente erógenos; enfim, busque uma maneira de agir sem usar de vulgaridade.

Por essência, a delicadeza é sensual; utilizá-la vai gerar efeito de atração, e é altamente provável que você consiga quebrar um pouquinho a rotina e reativar a energia do romance.

NAMORANDO, NOIVANDO OU CASADA
Prepare uma refeição especial

"Cozinhar é uma linguagem de amor."

Joan Bauer, escritora

Essa é mais uma técnica extremamente simples. Muito utilizada pelas mulheres no passado, essa sabedoria era transmitida oralmente de mulher para mulher; no entanto, hoje, na sociedade moderna, por várias desconstruções e aderências a ideologias, esse conhecimento foi perdido. As mulheres entendiam que o cuidado do lar, doméstico e familiar tinha apelo especial para os homens, que tinham a mentalidade mais voltada ao externo, tendo em vista que sempre estavam no meio de batalhas e conquistas. O ambiente em casa é feminino, e, às vezes, o homem não se sente muito à vontade ali; é por isso que muitos homens, frequentemente imaturos, tendem a fugir de casa, porque não conseguem se enquadrar direito na energia feminina que o lar proporciona. Isso significa que a mulher, sendo a líder do lar, é a anfitriã que fará esse homem se sentir bem em casa, não como uma visita no próprio lar.

Conheci muitos homens casados que afirmavam não se sentir bem na própria casa porque a mulher não criava um ambiente acolhedor, pois usava a energia feminina para hostilizá-lo, uma vez que queria que ele fizesse a vontade dela. Esse é um mau uso da energia feminina do lar, que acabará gerando o rompimento desse matrimônio, porque a mulher prioriza equivocadamente o lar em detrimento do marido. O lar é o resultado da união saudável entre o feminino e o masculino. As duas energias são necessárias; apesar de ser predominante o feminino, ele é protegido pelo masculino, sem o qual a mulher terá de suprir as duas frentes. Então, para você atrair o homem e fazê-lo se sentir bem em casa, prepare um prato que você sabe de que ele gosta. Você não necessariamente terá de cozinhar, mas fará a gestão da solução da fome dele. Dessa maneira, você se ocupará de uma energia maternal, assim como a mãe fazia na infância dele, e isso vai desarmar esse homem. É importante mencionar que essa técnica deve ser utilizada apenas com homens masculinos. Por certo, ele vai receber de muito bom grado esse cuidado maternal da parceira. Isso é extremamente saudável porque, no momento em que cuida, você ocupa um espaço maternal específico. Esse cuidado tem imenso impacto psíquico, uma vez que constrói a psique masculina da mulher sagrada. Outra técnica de atração muito poderosa no relacionamento é aquela em que, em especial num dia em que o homem esteja se sentindo fragilizado ou cansado, você entrega a ele um pouco de cuidado maternal e o ajuda a se regenerar mais rapidamente. Nunca espere nada de volta, senão você está se posicionando num relacionamento horizontal e transacional, isto é, você faz uma ação esperando outra dele em troca. O objetivo deve ser tão somente vê-lo bem e feliz. Quando ele percebe que você faz algo de maneira altruísta, emanando beleza e sensibilidade feminina porque o respeita e o admira, sua reputação aumentará drasticamente aos olhos dele, e você perceberá mudanças comportamentais nele em curto prazo.

NAMORANDO, NOIVANDO OU CASADA
Quando ele desabafar, fique em silêncio

"Não se pode ensinar nada a um homem; só é possível ajudá-lo a encontrar a coisa dentro de si."

Galileu Galilei, astrônomo e físico

Essa técnica é muito importante porque parte de uma premissa explicada anteriormente. A mente masculina e a feminina trabalham de maneira diferente. Não há certo ou errado, mas sim modos diferentes de processar as informações. Quando um homem vai dialogar com você sobre determinado assunto, normalmente ele foca muito no assunto.

Em geral, homens masculinos, mesmo em momentos de fraqueza ou fragilidade, normais para todo ser humano, gostam de iniciar e concluir sua linha de raciocínio. Se você interromper essa linha de raciocínio enquanto o homem estiver falando, ele vai interpretar isso como desrespeito e indisponibilidade afetiva de sua parte. Para eles, não faz sentido o "pingue-pongue" que existe na comunicação feminina, quando duas mulheres conversam, em que as duas alternam o turno de fala. Os homens, por sua vez, querem começar e terminar o assunto, e esperam que você apenas preste atenção. É preciso entender e aceitar a mentalidade masculina para que você aumente o poder de atração que tem e passe a interagir de maneira mais coerente com homens de valor, lembrando que estamos falando de um relacionamento saudável, com uma pessoa madura e de valor, de preferência um patriarca.

Quando ele for desabafar com você, significa que a tem em alta reputação e valoriza muito sua opinião; portanto, é provável que vá querer um conselho. O fato de ele perceber que vai conseguir dialogar com você, e, ao final, você vai emitir uma opinião e dar um conselho com base na intuição, é essencial em um relacionamento sério, porque mostra que ele a respeita espiritualmente. O que ele busca é uma resposta vinda de um *feeling* feminino, e sua sensibilidade naturalmente vai direcioná-lo num bom caminho. Além disso, quando você lhe dá um conselho e ele fica em silêncio, é porque sua interação no diálogo foi muito bem-sucedida. Não espere o homem dizer que concorda ou não com você; homens não agem dessa forma. Se aprovarem seu conselho, vão ficar em silêncio, pensativos, e voltar para a "caverna" por um instante, para digerir o conselho dado com base em sua intuição natural e em sua sensibilidade.

Essa técnica matriarcal e extremamente poderosa é utilizada por mulheres sofisticadas que sabem lapidar o marido por intermédio de conselhos esporádicos. Elas aprenderam a se disciplinar a ouvir, a entender o raciocínio do marido e, no momento certo, a dar-lhe um conselho que o direcionará no melhor caminho. Elas não vão tentar comprovar se o marido vai colocar em prática o que elas sugeriram. Se você fizer o mesmo, isso aumentará ainda mais o respeito e a admiração que o parceiro tem por você, de modo que ele sempre voltará a interagir com você para buscar conselho e conforto espiritual, algo que, na maioria das vezes, as mulheres desejam, mas não têm por faltar-lhes disciplina para ouvir.

NAMORANDO, NOIVANDO OU CASADA
Deite a cabeça no ombro ou no peito dele

> *"A mulher foi feita da costela do homem; não dos pés para ser pisada, nem da cabeça para ser superior, mas do lado para ser igual, debaixo do braço para ser protegida e do lado do coração para ser amada."*
>
> Matthew Henry, teólogo

Essa técnica de atração é muito poderosa e subestimada por muitas mulheres, sobretudo, levando-se em consideração um relacionamento de longo prazo. Trata-se do ato de encostar a cabeça no ombro, no peito ou no colo dele.

Essa linguagem corporal transmite a ele a percepção de que você confia nele como protetor e o admira, respeita e aceita a proteção oferecida. O homem entende que é seu protetor e buscará suprir essas expectativas. Você vai sentir segurança, algo que todas as mulheres desejam.

Você pode fazer isso enquanto lê um livro deitada na cama com ele, ou enquanto vocês assistem à TV ou a séries, ou no cinema, no teatro, ou até mesmo sentados na grama de um parque.

Quando sentir que o relacionamento está levemente desconectado, esse pequeno ato de afeto mostrará que você confia profundamente nesse homem e, ainda, ativará o instinto protetor dele, o que o fará se sentir mais masculino. Sempre que fortalece o lado masculino de um homem, você se torna ainda mais magnética.

Outro gesto espontâneo que atrai os homens é você se deitar com a cabeça no colo dele – claro que você não deve fazer isso em locais com outras pessoas, mas tudo bem se estiverem sozinhos em casa ou em locais abertos, como um parque.

Isso vai fazer com que ele a olhe instintivamente, eventualmente sorria, coloque a mão em alguma parte do seu corpo ou faça carinho em sua cabeça.

Essa é uma tática praticamente infalível.

NAMORANDO, NOIVANDO OU CASADA
Busque a mão dele em momentos aleatórios

"É tão absurdo dizer que um homem não pode amar a mesma mulher toda a vida quanto dizer que um violinista precisa de diversos violinos para tocar a mesma música."

Honoré de Balzac, escritor e dramaturgo

A técnica de buscar a mão do parceiro em momentos aleatórios, seja em casa, passeando no shopping ou numa festa, faz que você transmita a mensagem de que deseja a parceria dele, entendendo-a como algo protetor.

O instinto de proteção dele será ativado, e ele vai agir de acordo com esse papel, protegendo esse território, o qual, psiquicamente, é representado por você. O ato de dar as mãos implicitamente indica que você é a parceira dele e quer que ele seja seu protetor.

Essa técnica é muito parecida com a de encostar a cabeça no ombro ou no peito do parceiro; no entanto, você pode usar a técnica da mão em ambientes mais diversos, e o resultado será o mesmo. Essa iniciativa é extremamente sutil e delicada; não se trata de uma tomada de iniciativa, mas de se colocar sob a proteção masculina.

Ao incentivar a ativação do instinto de proteção e garantir o sentimento de segurança, o casal ganha cumplicidade, intimidade e conexão, além de reativar a libido.

NAMORANDO, NOIVANDO OU CASADA
Apoie-o incondicionalmente em momentos de dificuldade e tensão

> "O amigo de um homem gosta dele, mas deixa-o ficar como ele é; a mulher de um homem ama-o, e está sempre a transformá-lo em outro homem."
>
> G. K. Chesterton, escritor e filósofo

Essa técnica deve ser utilizada apenas em um relacionamento estável, com um parceiro de valor, de preferência um homem honrado. É muito importante apoiar o homem em momentos de fragilidade ou conflitos.

Não tente o ensinar algo, dizer o que ele tem de fazer ou como deve resolver. A não ser que ele peça um conselho de maneira direta. Os homens se fecham quando a mulher é incisiva nas palavras e se coloca em uma posição de liderar a situação. O silêncio quando ele fala ou desabafa é a melhor saída.

Desse modo, ele sente que tem um refúgio sagrado, um ambiente no qual possa se regenerar para, depois, voltar fortalecido às batalhas do dia a dia. Apoiar incondicionalmente não é concordar com tudo que ele faz, mas evitar uma postura de julgamento, preconceito, crítica e hostilidade.

Nesse ambiente com alta energia feminina, a vulnerabilidade é permitida; por isso, acolha esse homem de valor, pois tudo de que ele precisa é da parceira e do lar, o qual você construirá com sua sensibilidade. Ele a verá como mulher sagrada, e isso vai fortalecer ainda mais a visão que tem de você como cuidadora e curadora, papéis femininos matriarcais.

Ajude-o a se regenerar o mais rápido possível. Quanto mais forte o homem estiver, mais combates suportará. A rápida regeneração do homem é benéfica também para a própria mulher, que se sentirá cada vez mais segura, porque o parceiro é um grande protetor, e ela pode manter o foco em sua sensibilidade e na conexão com o Sagrado.

NAMORANDO, NOIVANDO OU CASADA
Comente sobre lugares que gostaria de visitar

"Para viajar, basta existir."

Fernando Pessoa, poeta e dramaturgo

A técnica do comentário sugestivo é bastante poderosa e atraente porque a mulher evita tomar a iniciativa da liderança. Quando quiser uma nova experiência no relacionamento, você não deve dizer de cara que a quer e ponto-final. Agindo assim, entrará em energia de liderança de comando e acabará ocupando um espaço masculino. É muito importante ter consciência disso.

A comunicação feminina funciona da seguinte maneira: você cria um desafio ao parceiro, que sabe que receberá uma recompensa emocional afetiva caso cumpra esse desafio.

Você pode, por exemplo, estar olhando o Instagram e falar para ele: "veja que lugar lindo!" ou "sabe quem vai/foi pra lá?", ou algo do gênero.

É assim que o homem entende a relação linear de causa e efeito, e não dando a ele um comando masculino direto. Por meio da sugestão, você abre espaço para que ele se sinta mais masculino, tome a decisão e seja admirado quando atender a seu pedido ou desejo.

A recompensa da admiração feminina é a base motivacional de todos os homens.

Com essa técnica, portanto, ambos saem ganhando.

NAMORANDO, NOIVANDO OU CASADA
Não o critique em público

"Antes de começar a criticar os defeitos dos outros, enumere ao menos dez dos teus."

Abraham Lincoln, ex-presidente dos Estados Unidos

A SUTIL ARTE DE ATRAIR

É muito importante não criticar ou expor o cônjuge em público, e isso vale tanto para homens quanto para mulheres. No entanto, para homens, há um agravante, que é o fato de serem movidos pela admiração e pelo respeito.

Ao serem criticados ou expostos socialmente pelas parceiras, a maioria dos homens se sentem altamente vulneráveis e humilhados. Sempre que algo a incomodar e você sentir que deve fazer uma crítica, resolva tudo com o parceiro entre quatro paredes, em um diálogo amoroso e respeitoso.

Se não funcionar, busquem ajuda profissional, mas jamais exponha o parceiro. Homens raramente cometerão esse tipo de atitude, uma vez que tendem a proteger o território e, por esse motivo, não falam da esposa, tampouco da vida pessoal a outras pessoas.

Também evite desmenti-lo ou discordar de sua opinião na frente dos outros; isso mostra aos demais que vocês estão desalinhados, que ele não obtém seu respeito e abre espaço para machos predadores buscarem uma brecha para tentar uma aproximação. Claro que, quando em uma roda de amigos em que todos são comprometidos e estão conversando sobre algo opinativo, não há problema algum, mas em público ou em frente à família em um assunto sério, evite ao máximo.

Dada a natureza feminina, que é mais social, é muito comum que as mulheres relatem detalhes íntimos do relacionamento ou façam críticas sobre os parceiros a pessoas que não têm sabedoria ou não são profissionais da área. Esse equívoco – gravíssimo – é uma das principais razões de muitos términos de relacionamento que partem do homem.

Por isso, busque sempre fazer críticas construtivas num diálogo reservado, preservando continuamente a verdade e o respeito.

Lucas Scudeler

NAMORANDO, NOIVANDO OU CASADA
Assistam juntos a um esporte de que ele goste e peça que ele lhe explique as regras, caso você as desconheça

> *"Diz-se da melhor companhia: a sua conversa é instrutiva; o seu silêncio, formativo."*
>
> Johann Wolfgang von Goethe, escritor, poeta e filósofo

Essa técnica revela sabedoria matriarcal. É de uma sofisticação tão sublime que sempre fico admirado ao ver uma mulher utilizando-a. Considerando que o homem tem instinto inato de proteção e liderança, toda vez que fizer uma pergunta verdadeiramente interessada sobre um assunto que ele domina ou no qual tenha interesse, você ativará os instintos dele, que entrará em estado de resolução de problemas, emanando uma aura de segurança ao seu redor, e sabemos que segurança é uma das motivações primárias da alma feminina.

Ele ficará satisfeito porque se sentirá potente, respeitado e admirado como líder e como homem, enquanto você se sentirá segura, protegida e provida, porque saberá que o parceiro tem interesse e desejo de protegê-la. Mais sublime ainda é quando a mulher demonstra interesse em assuntos que antes a incomodavam. O fanatismo masculino por futebol é um exemplo muito claro, e muitas mulheres não o suportam, porque durante um jogo o homem estará focado apenas no futebol e não dará atenção a mais nada.

Quando a mulher compreende isso e domina essa técnica, muda a postura. Ela se senta ao lado dele e, ao longo do jogo, faz perguntas interessadas sobre aquilo que está atraindo a atenção dele naquele momento. Essa técnica é de mestria ímpar, que só uma matriarca consegue fazer. Nesse momento, ela domina os próprios impulsos e deixa de querer ser o centro das atenções.

Todas as mulheres têm o potencial de aprender a agir assim. Basta aproveitar o momento junto dele, sem querer lhe tirar a atenção. Isso o fará admirá-la ainda mais, pois ele se sentirá respeitado e valorizado. Essa postura elegante, auxiliadora e de parceria fará seu companheiro estar 100% focado em você, e então poderá ver como a qualidade afetiva dele, em um ambiente de parceria, doação e sacrifício, melhorará.

Volto a afirmar que essa é uma técnica refinada da SAA que recomendo a todas as mulheres, sobretudo no casamento. Faça um esforço para pertencer à esfera de interesses do parceiro, e ele perceberá que você é uma mulher diferenciada.

NAMORANDO, NOIVANDO OU CASADA
Não fale com ninguém sobre assuntos íntimos do casal (finanças, sexo, discussões etc.), exceto com profissionais ou pessoas mais sábias que tenham um relacionamento exemplar e que manterão cumplicidade no assunto

"As três coisas mais difíceis do mundo são: guardar um segredo, perdoar uma ofensa e aproveitar o tempo."

Benjamin Franklin, estadista e inventor

Essa técnica, assim como as anteriores, é extremamente valiosa, pois é uma das principais utilizadas na SAA para evitar a autossabotagem na vida a dois, sobretudo em relacionamentos longos.

Nunca converse sobre intimidades do casal com pessoas que não sejam profissionais, isto é, que não sejam altamente habilitadas na área da terapêutica psicológica humana, com reputação ilibada e histórico de resultados extraordinários no aconselhamento de casais. Isso vale para muitos padres e pastores, que são pessoas de elevado nível de espiritualidade e, portanto, habilidosas na arte do aconselhamento. Pessoas sábias e amorosas, como avós e pais muito bem casados, também entram nessa categoria. Essas são as únicas exceções. No entanto, o objetivo de sua confidência deve ser a busca da sabedoria.

Não desabafe com amigas; converse com profissionais. Existem terapeutas especialistas em desabafo, os quais, em dado momento, vão direcioná-la a sair do ciclo vicioso da reclamação e a entrar no estágio da proatividade para mudança de comportamento, de modo que você possa obter os resultados que deseja.

Em muitos momentos das mentorias, ouço desabafos de alguns alunos, mas, assim que percebo que a pessoa está entrando em um ciclo vicioso de reclamação, interrompo-a e peço-lhe uma pausa, a fim de extrair o aprendizado daquela experiência.

Então começo a fazer perguntas e a induzir as respostas às quais quero que o aluno chegue. Por isso, como já dito, nunca fale sobre assuntos íntimos do casal com quem não seja profissional. Como vimos, os homens têm natureza instintiva territorialista de conquista; então eles tendem a considerar essa atitude um ato de profundo desrespeito e desonra. Por isso, tome cuidado para não afastar o parceiro.

Apesar de ser uma atitude aparentemente inocente e inofensiva, pode ser considerada traição afetiva.

PARTE 3

ALÉM DA SUTIL ARTE DE ATRAIR

CAPÍTULO 12

O HOMEM FROUXO

As técnicas apresentadas anteriormente não vão funcionar com homens frouxos. Vamos começar abordando essa palavra que, às vezes, soa um tanto provocativa. O que é um homem frouxo? Algumas mulheres e alguns homens podem achar que frouxidão tem a ver somente com a energia da libido, com a "pegada". Um homem seria mole e frouxo se não tivesse libido ou desejo, ou "não desse no couro", mas não é isso. O homem frouxo é um termo técnico verdadeiro e não pejorativo. A ideia aqui é não demonizar nenhum tipo de comportamento, e sim gerar clareza, para que aprendamos a identificar com mais serenidade quais comportamentos ou energias são disfuncionais. Frouxidão é a ausência de firmeza e indisciplina. O homem que não possui a virtude da disciplina é essencialmente frouxo. Um nó frouxo é inútil, não serve para amarrar, prender ou segurar nada, não dá segurança.

A frouxidão a que me refiro então é uma postura física, mental e espiritual quando o homem hesita demais, é irresponsável e se acovarda. A frouxidão tem a ver com a covardia, e a covardia corta não só a libido masculina como também desarranja muitas outras coisas.

Uma das principais causas da frouxidão tem a ver com traumas, com a criação que esse homem teve. É preciso mencionar dois fatores:

1. A energia materna superprotetora. A mãe (às vezes até um pai feminilizado) o protegeu demais das mazelas e dos desafios da vida, e isso contribuiu para enfraquecer esse homem. Por estar muito próximo da mãe e da energia protetora materna, ele tende a modelar essa energia, invertendo sua polaridade. Isso ativa a *anima* dele, isto é, a alma masculina com polaridade feminina.
2. Falta de um modelo paternal forte, masculino e firme. Em vários momentos mencionei que o homem deve ser firme, e firmeza é virtude. A frouxidão é a ausência da firmeza, característica essencial no relacionamento sério. Entretanto, é muito importante que esse homem esteja fundamentado em algo sólido para agir com firmeza. Ele não pode ser firme no ego dele ou por capricho. Se ele bate de frente com firmeza perante o feminino, certamente perde a discussão, sem dúvida nenhuma. O homem não deve discutir com a mulher, é um esforço inútil; a energia feminina nesse momento é praticamente infinita, como se ela tivesse um tanque de combustível para alimentar a discussão. O homem deve agir com precisão, ancorado em algo superior. A firmeza do patriarca vem da aliança com a verdade. As mulheres verdadeiras só se satisfazem com a verdade. Por isso, o questionamento feminino é muito poderoso;

mulheres costumam analisar as respostas que os homens dão; se ela sentir alguma incoerência ou, então, que algo está oculto, ela fará o homem saber das impressões que ela teve, vai querer revisitar todos os assuntos, e uma DR se inicia. O masculino não entende o questionamento feminino, porque tende a compartimentalizar a experiência, e isso é um tipo de frouxidão. O homem que não é firme e não se ancora na verdade está fadado a ser descoberto pelo feminino em suas mentiras e incoerências. O feminino traz ao masculino a cobrança da verdade, e isso tem relação com a maneira como o homem coordena a energia masculina dentro de si.

Vamos identificar então como o homem frouxo se comporta e darei o antídoto logo em seguida. Trarei alguns comportamentos do homem frouxo e em seguida os comportamentos do patriarca, que é o homem firme.

O homem frouxo não consegue se conectar com a fúria interior. O fogo interior, o estado de fúria, a satisfação, a visão perante a vida estão em níveis baixos, e, por isso, esse homem tem capacidade de realização igualmente baixa. Homens que tentam satisfazer a fúria e buscam prazer de maneira excessiva, com drogas, álcool, maconha, masturbação e pornografia, diminuem a fúria e, por consequência, a masculinidade. Hoje a ciência sabe que várias drogas entorpecentes são estrogênicas, o que significa que, quando esse homem consome álcool ou fuma maconha, certas glândulas farão diminuir a produção de testosterona e aumentarão os derivados do estrogênio, ou seja, no nível físico ele acaba feminilizando-se. Não vou me aprofundar na questão física, pois as fontes médicas são muito mais detalhadas e vastas, apenas estou dando um direcionamento para quem é da área da saúde e quiser buscar mais informações sobre esses indícios físicos de feminilização. Eu trato da questão psíquica; assim, o homem psiquicamente se feminiza quando não domina a fúria interior. O caminho do patriarca é aprender a ativar a fúria e refiná-la para um propósito maior.

O homem com fúria baixa será dominado pela energia feminina. Não há nada de errado nisso quando o uso for consciente, mas a polaridade ficar invertida é reatividade, e é preciso ativar a energia da maneira correta, conscientemente. As polaridades masculina e feminina são opostas e complementares.

O homem frouxo foca muito em sexo, porque não tem disciplina da libido e da própria energia sexual. Por isso ele sexualiza tudo que acontece na vida dele. Quando você vê que o homem pensa em sexo a cada cinco ou dez minutos, é porque ele não tem nenhum propósito. A mesma energia que se manifesta como sexualidade no homem se manifesta como espiritualidade, caso ele a refine. Com as mulheres é diferente; elas não precisam da energia sexual para ativar a espiritualidade. O homem sem disciplina da libido não consegue desenvolver o autodomínio; o fato de consumir pornografia e ejacular excessivamente por meio da masturbação é muito danoso porque, no momento em que ejacula, se dessensibiliza ao prazer, perde masculinidade, que é externalizada, e não tem a troca com a parceira. O sexo frequente com a mesma parceira não prejudica a masculinidade do homem, porque no momento em que ele canaliza a libido para a parceira, que é fixa, a mulher recebe a energia de libido do homem, que é receptiva. Ela refina essa energia e a transforma em carinho e afeto, devolvendo-a em forma de atenção, admiração, afeto e diálogo. A mulher volta a nutrir o homem e enche o tanque energético dele com uma energia sexual muito mais delicada e potente. Então, o homem promíscuo, que dorme com várias mulheres, mas não prossegue com nenhuma delas, só dissemina a própria energia sexual, mas nunca recebe. Dificilmente ele alcançará alguma coisa na vida, porque não recebe a energia feminina para encher o tanque energético dele para que possa investir em um propósito. Essa troca da energia sexual leva-o a querer crescer e prosperar na vida, e, em longo prazo, mesmo se espiritualizar. Trabalho com desenvolvimento pessoal e vejo que 90% dos homens que atendo quase sempre foram influenciados por mulheres. É muito incomum ver homens buscarem a espiritualidade sozinhos, sem a influência feminina. Homens frouxos dificilmente buscam espiritualidade real, mas somente coisas mundanas, até mesmo religiosidade que pertence ao paradigma mundano. Se ele não tem uma mulher na vida dele que o motive a ser melhor e a se autodominar, a ser fiel, ele provavelmente nunca encontrará a espiritualidade. Então, o primeiro comportamento do homem frouxo é focar excessivamente em sexo. Quanto mais o homem se masturbar consumindo pornografia, mais insensível vai se tornando, precisando de mais estímulos mais intensos. No processo de mentoria para homens de reativação da libido masculina, a primeira orientação que dou é cortar a pornografia e a masturbação, porque a fúria interna está tão baixa que ele precisa eliminar esse estímulo externo, extremamente tóxico e danoso.

O patriarca é disciplinado e foca 100% da libido na parceira e no propósito, na construção do legado. Teoricamente, o patriarca está sempre com o tanque de libido cheio; é claro que o propósito pode desgastá-lo, mas o tanque tenderá a estar cheio. Na grande maioria das vezes, ele tem disposição para compartilhar a libido com a esposa, então esse homem está fisicamente disponível, ao mesmo tempo que constrói um legado para a família, por intermédio da motivação da esposa. Portanto, a diferença entre o homem frouxo e o patriarca está no fato de um ter propósito e o outro, não.

Qual é a ponte entre o homem frouxo e o patriarca? É a autodisciplina. Vejam que falo muito de autodomínio e autodisciplina, pois todos os grandes patriarcas têm autodomínio. Isso era senso comum cem anos atrás, mas se perdeu na sociedade moderna. Antigamente homens que se masturbavam eram vistos como fracos e cabeças-ocas, e a prática do onanismo era fortemente desincentivada. Se um homem se masturbar e ejacular todos os dias, ele se torna um homem frouxo, fraco, porque essa energia não se refina. É diferente de um homem ter intimidade sexual com a esposa todos os dias, pois ela devolve essa energia por meio da própria feminilidade. Um homem que buscar satisfação sexual diária estará pedindo para se arruinar, pois tende a não sobrar energia criativa para mais nada, pois toda energia de criação é gasta no ato sexual reprodutivo e de criação. Não tenho como ser mais enfático nesse assunto, que é básico e essencial, principalmente para os homens.

Então, mulheres, se aquele homem com quem você está saindo vive dando indiretas, contando histórias, agindo de maneira sedutora, querendo transar com você antes de assumir um compromisso, saibam que esse é um indicativo de que ele é imaturo e não tem autodomínio. Se você transar com esse cara sem que haja um compromisso estabelecido, a chance de você ter dores de cabeça com ele em infinitos assuntos será imensa. Provavelmente, ele não tem muito foco no trabalho, não tem determinação e não está prosperando. É muito provável também que ele minta. Esse homem não vai querer compromisso com você, que vai continuar sonhando, sem, no entanto, conseguir transformar sonho em meta. O homem que não consegue suportar o mínimo de frustração sexual ao ter uma recusa da mulher não é digno de estar na sua lista de pretendentes. Isso é óbvio e simples, mas quase nenhuma mulher percebe, porque ela ainda tem o instinto de ser social e querer agradar. Duas pessoas que transam já no primeiro encontro e começam a namorar, se evoluir para o casamento, provavelmente sabem o que é amor. Então, no exemplo de exceção, o casamento aconteceu apesar do sexo no primeiro encontro. No entanto, isso é muito raro. Quando você transa com o cara e ele não sabe o que é o amor, ele mostra que não é patriarca. Ele vai agir de maneira territorialista, porque sabemos que o instinto do homem é ser territorialista. Se você transar com o homem no primeiro encontro, é muito possível que ele pense que você não vai querer assumir um compromisso porque, se aparecer outro pretendente, mais atraente que ele e que prometa protegê-la e trazer-lhe mais segurança, você vai preferir o outro. A esmagadora maioria dos homens não suporta a ideia de a mulher dele pensar em dormir com outro cara. O homem é territorialista, principalmente no sexo. No momento em que você dorme com ele no primeiro encontro, quando estiverem no segundo ou terceiro, ele terá a impressão de que você é fácil; por ser imaturo, ele não consegue lidar com uma mulher que ele julgou ser fácil. Para dar certo com esse cara, você tem de ser o mais resistente possível, fazendo-o esperar até que ele assuma o compromisso de namoro. Se você dormir com um homem frouxo, ele some. Esse contexto é clássico e responde a essa dúvida universal que ouvi milhares de vezes na última década: "Lucas, por que, depois de momentos maravilhosos juntos, ele simplesmente some?".

O patriarca analisa o contexto. Se você é uma mulher íntegra, espiritualizada, se é a mulher que ele ama e admira, não haverá diferença se dormir ou não com ele no primeiro encontro, ou até mesmo nos primeiros meses, ou até mesmo antes do casamento. Entretanto, estamos falando de menos de 5% da população. Há mulheres que dizem para mim que dormiram com o cara na primeira vez e agora estão casadas, e você passa a nutrir esperança nesse "marketing do milagre", orando todos os dias para encontrar um homem assim, sem, no entanto, mudar seu comportamento. Você acaba simplesmente satisfazendo esse monte de homem frouxo que aparece na sua vida e depois se frustra.

Não posso enfatizar mais a você, mulher, sobre como deve distinguir, nesse nível, um homem frouxo de um homem maduro. Você deve negar o sexo e não o satisfazer sexualmente até que ele a peça em namoro. Ele sentirá uma dor existencial, pois vocês estão nos amassos e você demonstra interesse, admiração e tesão, mas ainda não transaram e você não o satisfez sexualmente. Ele estará engajado com todo o seu ser, pensando em você o tempo inteiro, pois está "marcada" na mente dele. É sob esse efeito que ele se apaixona. Esse é o efeito muito conhecido chamado de *branding*.

O homem, antes do sexo, é burro e age com base no emocional, mas, depois do sexo, ele está racional. Já a mulher, antes do sexo, está racional, mas depois estará 100% emocional, perdendo a inteligência, assim como o homem, antes do sexo. No momento em que transou com o cara e ele não assumiu o compromisso, ela perdeu a sua vantagem de atração. Ao transar e se entregar a ele, já está envolvida emocionalmente; já o cara vai curtir a vida, pois não tem mais nada a conquistar na sua visão materialista e sexual. Fica uma ou duas semanas sem falar com ela e a chama novamente só quando o ciclo de libido retorna. Na maioria das vezes, esses homens, que são como jogadores, estão em contato com duas, quatro ou mais mulheres a cada momento, porque é solteiro e não tem compromisso com ninguém. Isso, de certo modo, não deixa de ser traição. O homem tem o instinto de polinização de sua semente que lhe é inato pela natureza, mas o homem frouxo se entrega à promiscuidade, e hoje em dia, com certas ideologias de liberação sexual e promiscuidade em voga sendo incentivadas como comportamento moderno, temos um terreno fértil para esse homem, que pode transar com quantas mulheres quiser e não se compromissar com nenhuma. Isso gera muito sofrimento. É extremamente importante que as mulheres entendam que o macho não possui um instinto inato de se compromissar; ele precisa ser convencido, e essa é uma decisão racional que o macho toma e se torna homem. Para o homem maduro, o foco é o propósito de vida dele e o legado. Essas decisões são racionais e sacrificais, por isso são difíceis. O sexo é parte do compromisso de intimidade com a parceira. Na verdade, os patriarcas, que são homens firmes mesmo, evitam o sexo pelo sexo; eles querem o sexo como energia de intimidade, como troca e afeto. Ele vai querer ter intimidade com a mulher que admira, e não com a fêmea que ele deseja só fisicamente.

Homens frouxos tendem a tomar decisões com base no prazer. Tudo que fazem costuma ser desequilibrado. É o cara que sempre foca na sexta-feira, nos fins de semana, nos churrascos infinitos, na cerveja até desmaiar bêbado, em jogar videogame por horas a fio, chegando a passar mais tempo jogando que trabalhando, provavelmente por trabalhar em algo de que não goste, o que o faz se afundar num vício qualquer. Esse homem não suporta a dor da rotina, e o homem que não suporta dor é frouxo e é um menino ainda. A diferença do frouxo para o patriarca é que este não foge da dor, mas a busca. Ele a considera veículo de amadurecimento. O patriarca faz sacrifícios e tira prazeres da própria vida. O homem tem fisiologia para suportar a dor crônica, e a mulher para suportar dor aguda, como a dor do parto, que um homem nunca aguentaria suportar e provavelmente quebraria ou morreria. O homem suporta mais o estresse continuado que a mulher. Uma mulher sob estresse crônico quebra, e a psicologia tem conexão direta com esse fato. Para uma mulher quebrar, basta colocá-la o tempo todo em uma situação que demande masculinidade.

Ela até consegue vencer durante um período, mas, para isso, ela se masculiniza, endurece e adquire uma casca grossa; sob essas condições, com o tempo ela esquece como é ser mulher e, quando esquece completamente, ela quebra. O homem que aceita ser homem aguenta a pressão do dia a dia. É como um boxeador que aprende cada vez mais a se defender. O homem frouxo, como vimos, busca somente o prazer. O patriarca entende a dor como veículo para a resiliência. No processo de se antecipar às dores da vida, de fazer o mais difícil e dolorido, ele emana masculinidade, e as mulheres na vida dele se sentem mais seguras e protegidas. O objetivo do patriarca é proteger o legado, a família e o feminino.

Homens frouxos não têm metas definidas e seguem a filosofia do "deixa a vida me levar". O patriarca não pode se dar a esse luxo, porque tem responsabilidades sobre o próprio comportamento. O homem frouxo também não tem sonhos, porque não acredita neles. Acha que sempre terá a proteção da mãe, provavelmente porque foi superprotegido e não teve um modelo paterno forte lá atrás. O patriarca tem metas claras. É muito comum que as matriarcas suavizem o patriarca, pois isso faz parte do papel feminino no relacionamento, a diplomacia da intermediação. Então elas trazem diversão para o homem, tentam fazê-lo sorrir um pouco e não cair na amargura, na ranzinzice. Às vezes o patriarca fecha-se numa casca muito grossa, porque sente a vida cobrando os compromissos que ele assumiu, principalmente no que tange ao feminino. Assim, quando a mulher percebe que o marido está amargurado, ela o nutre e o acolhe; é o feminino que permite ao masculino se divertir, e isso é uma das coisas que o patriarca busca numa matriarca. É ela que dá permissão ao patriarca para relaxar. O homem frouxo, por sua vez, quer relaxar o tempo inteiro, pensando na herança que vai receber, seja ela o final de semana ou o dinheiro que um parente vai deixar para ele quando morrer e ele não terá de trabalhar. O frouxo, por conveniência, vive desejando a morte de outras pessoas e coisas. O patriarca é focado e tem planos muito claros de construção de vida. Um serve à morte, então, e o outro serve à vida.

Homens frouxos têm medo de compromissos e fogem, porque não têm energia para lidar com o feminino. Por não conseguirem se abrir ao feminino, fogem por covardia, por temer o desconhecido. Então rotulam as mulheres como loucas e se afastam. O patriarca é totalmente diferente; ele é corajoso perante o desconhecido e respeita as mulheres. É protetor, aceita compromissos, não foge do feminino, aceita a responsabilidade de participação e proteção do feminino e também a sabedoria do feminino nos relacionamentos, porque o feminino tem grandes respostas nesse quesito. As mulheres no seu feminino tendem a ter verdade e autenticidade; o feminino se entrega e se rende, serviço igualmente essencial ao masculino. O masculino é forte na construção e na execução de resultados, mas o feminino tem visão holística, porque pensa em todo mundo e no propósito, visualiza o resultado e integra a todos. O patriarca executa e alcança o resultado. A matriarca busca falhas, aconselha e apoia nessa execução, mas não executa.

Então, nesse caso, a diferença entre o homem frouxo e o patriarca é o medo de assumir compromissos. O patriarca não teme compromissos; na verdade, ele os aceita, bem como a carga de responsabilidade e a liderança do feminino.

O homem frouxo não tem palavra. Na verdade ele conta inúmeras histórias, porque o objetivo é seduzir. Essa energia que é a da voz tem conexão direta com a sexualidade, então ele a usa para satisfazer as próprias necessidades. O ponto fraco feminino é a audição, porque as mulheres tendem a só ouvir o que elas gostam de ouvir. Na hora em que o cara conta aquela história perfeita, que encaixa na visão que ela tem dele, ela se entrega, porque, como vimos, muitas mulheres "gostam de gostar" de alguém. Essa é uma das fraquezas femininas. Por meio da história perfeita, você se torna refém dele. O patriarca não conta histórias, mas sim toma atitudes. Ele faz, e não fala na maioria das vezes. Mulheres, não esperem que o patriarca fale demais! Homens que falam pouco tendem a ser mais maduros, principalmente em áreas de sua vida em que têm grandes responsabilidades. O homem que fala demais de seus compromissos essenciais tem de suprir a narrativa com muita atitude, a não ser que tenha muitos resultados, mas o homem frouxo só fala e não cumpre. Digo sempre que o homem que fala demais é uma bandeira amarela; a exceção é se ele fala no momento afetivo, de lazer, para compartilhar com a parceira e pessoas de confiança celebrações pessoais ou familiares. Via de regra, o patriarca cumpre sem falar porque tem honra. Falar demais de assuntos sérios e compromissos sacrificais para pessoas aleatórias só tira o foco, e, mesmo para pessoas próximas interessadas no resultado, só cria expectativa. Então, falar atrapalha a execução. O patriarca entende isso com seriedade. O peso da palavra dele é muito grande, e é esse peso que ele tem também na criação dos filhos. Mulheres que são mães sabem que, basta o marido, que é honrado em casa, dar uma ordem ao filho, e este obedece ao pai. Se o pai for um homem sem palavra, o filho não lhe obedecerá. O homem honrado e de autoridade ajuda a matriarca na construção da família. A palavra é um dos maiores poderes do patriarca.

A próxima diferença está na intelectualidade. O homem frouxo tem certezas demais, é vaidoso, não estuda, não se aperfeiçoa e tem medo de ser provedor; fica sonhando e divagando e não executa nada. O patriarca tem humildade, sabe ouvir e dialogar com o feminino, receber e ouvir a verdade feminina e estar aberto ao aprendizado. Intelectualmente, ele sabe que o feminino é muito diferente dele e, por isso, silencia e recebe o feminino com atenção. Por esse motivo, o patriarca é prático e pragmático, adaptando o próprio comportamento para conviver melhor ou tentar atender a um pedido, se o pedido for coerente e benéfico ao legado que está sendo construído. O homem frouxo é vaidoso; o patriarca é humilde intelectualmente, sabe receber o feminino e ouvir, porque, do contrário, não consegue interagir coerentemente.

Por último, mas não menos importante, homem frouxo não possui propósito. Vive um dia de cada vez, sem pensar em legado e sem ter objetivos grandes, porque não acredita em si mesmo e não tem fúria interna dominada para alcançar grandes sonhos. Ele está satisfeito com o conforto em que vive, desde que tenha seus prazeres mundanos na hora que quer. Homens frouxos normalmente mascaram sua frouxidão com frases como "eu preciso de pouco para ser feliz", mas invejam os amigos que enriqueceram; "só quero ter paz, e me deixa no meu canto", mas sempre estão raivosos ou incomodados com alguém ou com alguma situação externa; "se Deus quiser vai acontecer", mas nunca fazem nada nem tomam atitudes para merecer o resultado que desejam em suas orações; são fariseus. O patriarca tem uma aliança com Deus e com o propósito e o legado em seu coração. Ele se direciona para onde a família está e pensa em longo prazo. A matriarca cuida da família e gerencia o curto prazo, os recursos presentes. Ele tem vínculo com Deus e foca no legado da família e na proteção futura. Ele é o guardião da família perante o mundo, como uma muralha protetora. É ele que cria o ambiente perfeito para o feminino gerenciar com excelência o presente. Sem um patriarca, a mulher se torna insegura e sofre com as oscilações da própria sociedade que invadem sua vida, inclusive com a escassez de recursos. Sem um patriarca, a família é instável. O homem frouxo, porém, não se posiciona.

CAPÍTULO 13

OS CINCO NÍVEIS DE MATURIDADE EM RELACIONAMENTOS

Como já explicado anteriormente, algumas nomenclaturas utilizadas, como homem frouxo, macho, homem adulto e patriarca, podem ser compreendidas como níveis de maturidade ou níveis de consciência que refletem um conjunto de valores de vida, caráter, hábitos e rotinas, decisões e ações. São níveis muito distintos uns dos outros qualitativamente, e, apesar de a jornada não ser totalmente linear, existe uma progressão linear de paradigmas de maturidade. Vamos investigar mais a fundo neste capítulo os cinco principais níveis de maturidade nos relacionamentos.

O primeiro nível é o mais imaturo e também o combustível que nos faz evoluir na vida. A maneira como interagimos com esse primeiro nível, que é oculto e mesmo considerado sombrio, leva-nos a amadurecer. Na psicologia junguiana, é chamado *anima* e *animus*, que são o oposto do processo evolutivo masculino. Esse primeiro nível sombrio, na realidade, é feminino, cujo combustível é masculino. Isso parece complicado, mas explica muitas coisas no contexto dos relacionamentos. Vejamos esta afirmação: a alma masculina é feminina, e a alma feminina é masculina. Isso é uma profunda verdade psicológica; a primeira coisa que precisamos entender, para que possamos desfazer muitos códigos de sofrimento que existem no ser humano, é que ninguém é homem ou mulher 100% do seu ser. Ser homem ou mulher é um condicionamento ancestral físico, um código material na genética, e também psíquico pelos arquétipos; mas antes somos consciência. Existe a consciência por condicionamentos e tendências e pela possibilidade de nascer homem ou mulher, o que vem por intermédio das polaridades avidez (desejo) e aversão. O processo de desejar algo faz que esse algo tenda a se manifestar. Portanto, consciência é ter uma tendência preexistente, como, por exemplo, nascer como mulher, codificado na sua alma. A tendência de nascer como mulher, pela consciência e não pelo gênero, sem a influência da energia masculina ou feminina, precisa passar pelo processo de negar o masculino. Para que uma consciência nasça mulher num corpo feminino e com mente feminina, para não haver paradoxo, precisa negar o masculino em si mesma. A consciência neutra então, no momento da encarnação, veste um personagem psicofísico que aceita o feminino e nega o masculino. Essa é a constituição espiritual e psicofísica de uma mulher. Tudo isso para dizer que o inconsciente feminino é masculino. Uma consciência de pura luz e sem gênero, que escolhe nascer homem, precisa negar as temáticas ideoafetivas femininas; é por isso que o inconsciente masculino é feminino. Todo homem tem o inconsciente com tendência feminina, e toda mulher tem o inconsciente com tendência masculina. Esse inconsciente negado e reprimido, por ser de nascença, é projetado externamente nos objetos de desejo com grande interesse, e tudo aquilo que negamos em nós, como o homem que nega o feminino e a mulher que nega o masculino, é projetado externamente como objeto de interesse. Por essa razão, a tendência da mente feminina é admirar e sentir-se atraída pelo masculino, e a tendência da mente masculina é admirar e sentir-se atraída pelo feminino. Essa atração vem do próprio processo da consciência de negar o oposto, o qual é projetado como algo muito desejável. A consciência, por intermédio dos próprios desejos, apegos e aversões, manifesta a mente repleta de condições, e essa mente manifesta certas emoções, as quais controlam o corpo.

É preciso entender estes quatro paradigmas: consciência, intelectualidade, emoções e conexão com o corpo, e desprogramar a ideia de que você é mulher ou homem espiritualmente. Você "está" homem ou você "está" mulher; antes, você é consciência. Se não compreendermos o fato de que ser homem ou mulher é um condicionamento profundamente enraizado na mente, não conseguiremos nos abrir para entender a energia oposta. Esse condicionamento não é cultural, como muitas vertentes ideológicas tentam disseminar. Esse condicionamento é da própria Criação de Deus, como uma condição para a vida encarnada acontecer. Existe um preço a pagar por nascer homem ou mulher, e esse preço é reprimir e negar a polaridade de gênero oposta, senão a encarnação não seria possível. Exceções a essa condição ocorrem em casos de repressões parciais ou conflitos de repressões, em que observamos tendências de gênero variantes e divergentes em pequenas minorias estatísticas. Essas exceções são resultado de certa confusão inerente à consciência que se manifesta, refletindo-se na ordem psíquica e física e levando a constituições também confusas e a uma ordenação parcial;

talvez o caso que mais se destaque seja o hermafroditismo, comumente conhecido pela ciência.

Com base nesses conceitos, de que somos consciência, a qual se dobra, se condensa e se cristaliza num corpo físico, por intermédio de nossas tendência e escolhas, podemos entender o seguinte: no momento em que nascemos num corpo físico, passa a existir o que Freud chama de "impulsos de vida e de morte". O impulso da vida é chamado *Eros* e o da morte – que é o oposto, o adversário, a autossabotagem, a crítica, a vontade de se esconder, de morrer, mas que equilibra o impulso da vida –, *Tânatos*. Então, no processo evolutivo, que acontece dentro de nós, quando a consciência entra no corpo, aceita a condição de estar na dualidade entre *Eros* e *Tânatos*, de vida e de morte. Quando há equilíbrio entre essas duas energias, diz-se que a energia foi sublimada, ou seja, ela se eleva; quando isso acontece, o equilíbrio entre vida e morte, o *yang* e o *yin*, se expande em consciência e o ser ganha saber.

Então, como vimos, o primeiro nível é o de maior imaturidade, que são pessoas com suas polaridades invertidas tomadas por seu inconsciente reprimido de gênero oposto. Chamo esse primeiro nível de inversão de polaridades de homem frouxo e mulher virilizada. Outras variantes são igualmente verdadeiras, como menino, banana, homem bonzinho; e, para as mulheres, a espartana, mulher-maravilha, embrutecida, entre muitas outras terminologias. Todas se referem ao mesmo estado de imaturidade que é a inversão de polaridades, um nível profundo de inconsciência do propósito de Deus para a pessoa.

O próximo nível são o homem e a mulher imaturos, que são o macho e a fêmea. Isso significa que "macho" é a mente masculina apegada em ser masculino e, portanto, que nega tudo o que é feminino na sua visão. Essa negação é a *anima*. A "fêmea" é a energia feminina que é apegada em ser feminina, que nega todo o masculino dentro de si. Esse estado de negação é um estado de mentira, em que a pessoa divide a energia dentro de si. Essa negação é o *animus*.

O segundo nível, que caracteriza o estado de maturidade baixa do macho, é o estado da consciência, porque, como vimos, o primeiro é o inconsciente. O homem em geral busca admiração e respeito, que são o combustível da mente masculina. Ele tenta trocar essa admiração por recursos; então, o macho selvagem, no segundo nível, tenta entregar recursos materiais para ter admiração e respeito. Na maioria das vezes, essa admiração é vista como sexualidade ou satisfação do impulso sexual; entretanto, nesse nível, o macho não tem nenhum interesse na fêmea, mas unicamente na satisfação do impulso sexual. O homem que foca na conquista material e prioriza o dinheiro, na verdade, coloca o recurso material como o principal atributo que tem para contribuir. Esse é o estado do macho selvagem, em que ele busca somente satisfação do impulso sexual. Esse é um grande indicador da maturidade masculina no segundo nível.

Em contrapartida, o estado fêmea busca segurança física. A troca que a fêmea interesseira, no segundo nível, pensa em fazer para obter segurança física se dá pela sensibilidade. Ela, de certa maneira, tenta a satisfação sensorial, e normalmente o uso da beleza física é muito utilizado nesse estado. Então a mulher usa a beleza física para satisfazer o macho, atraindo-o para a conquista de recursos. Esses impulsos são primais, mas é esse estado de imaturidade que está presente no ser humano de hoje em dia.

Dentro desse processo evolutivo, temos os pontos fracos. O principal ponto fraco do homem é a visão, que o faz sair do próprio centro e o ludibria facilmente. O processo feminino de conquista do masculino passa pela visão, que é o sentido mais fraco e enganável.

O ponto fraco sensorial do feminino é a audição. O feminino tende a acreditar em histórias muito mais que o masculino, e o macho seduz a fêmea com histórias. Como o macho selvagem busca a satisfação sexual, ele não tem nenhuma intenção de cumprir e honrar com aquelas histórias que contou. É exatamente por isso que digo às minhas alunas que, enquanto não houver intimidade física, elas têm o poder de influência sobre a relação. Então, no momento em que elas o beijarem ou dormirem com ele, já perderam parcialmente ou toda a vantagem afetiva. Então esse homem no nível do macho, assim que obtiver a satisfação sexual que buscava, sem compromisso e sem rotina, simplesmente se afasta, porque conseguiu o que queria. A mulher vai atrás dele, e, com essa atitude, ela se torna masculina. Como vimos, quem lidera ocultamente nos relacionamentos é o feminino, que tem o poder de atração e permissão nos relacionamentos. O feminino é magnético, recebe e atrai. Quando o homem não está mais interessado na mulher, ele está feminino, dominado pela *anima*. Quando aquela mulher corre atrás daquele cara, ela está tomando a iniciativa, buscando fazer o relacionamento funcionar; então ela está sendo masculina, dominada pelo *animus*, que é aquela "sombra". No momento em que a mulher se tornou masculina por causa do *animus* e o homem está feminino por causa da *anima*, quem está tomando a decisão e atraindo é ele. Só que nesse caso o macho está atraindo pelo feminino sombra, que sente repulsa pelo masculino sombra na fêmea. É importante entender que a energia que direciona nos relacionamentos é sempre a feminina. Então a pessoa que está no feminino naquele momento é quem decide. Se o homem estiver feminino, ele tende a decidir, é a decisão dele que tende a prevalecer; agora, se a mulher está feminina, é a decisão dela que provavelmente vai prevalecer. A grande questão é que a consciência que nasceu mulher tem muito mais capacidade de canalizar a energia feminina que o homem. Por que, então, ela não aproveita isso? Porque permite que a pulsão masculina do *animus* tome conta. O *animus* é como se fosse o macho alfa cósmico; então, toda vez que a mulher fica inconsciente, uma energia inconsciente ancestral e infinita toma conta da consciência. A energia que toma conta da consciência da mulher é o oposto da energia natural da mulher, que é a feminina, e é uma energia primal masculina. É a energia do *animus* que vai atrás do cara, que agora, tomado pela *anima*, sente tudo, menos atração; com isso se torna até dramático. A seguir, ele passará a sentir aversão por achar que a mulher o sufoca; essa energia é a *anima*, é a fêmea alfa cósmica. Isso é muito real na prática.

Então, o primeiro nível de maturidade é o inconsciente, é o *animus* na mulher e a *anima* no homem; nesse estágio ocorre a inversão, em que a alma feminina está no homem, e a alma masculina na mulher, tomando as decisões por tendências arquetípicas, ou o caminho ancestral mais trilhado. No segundo nível já existe certa racionalidade da polaridade correta. O homem busca satisfação sexual e de prazeres, a mulher busca satisfação da segurança pelos recursos. No primeiro nível, o homem que busca respeito se sente profundamente desrespeitado, e a mulher que busca segurança como motivação primordial se sente profundamente insegura. São esses estados emocionais que ativam a *anima* e o *animus*.

No terceiro nível temos o estado de maturidade, que podemos chamar de "homem adulto não neurótico e mulher adulta não neurótica". Isso acontece porque em parte o homem aprendeu a se respeitar, e a mulher aprendeu a se sentir segura consigo mesma, ambos independentemente de condições externas. A principal causa dessas conquistas psíquicas é que ambos resolveram seus complexos de Édipo e Electra, que são idolatrias de pai e de mãe. Em resumo, meninos tendem a idolatrar a mãe como Deus na infância e desejar a mãe sexualmente; desejo esse que é fortemente reprimido, pois é entendido pela mente como tabu. Isso cria o complexo de Édipo, que só é resolvido quando o homem mata psiquicamente sua mãe, incorpora todos os seus aspectos positivos em aprendizados e sabedorias e descarta os exemplos negativos e traumáticos, perdoando-a por ser humana e falível. A conclusão dessa cura psíquica é a colocação do Deus verdadeiro no lugar que a mãe ocupava. A mulher faz exatamente o mesmo processo na resolução de Electra, só que com o seu pai ou modelo paterno. Importante notar que isso é verdadeiro e real se tivermos pai ou mãe presentes ou ausentes, exemplos de pai ou mãe positivos ou negativos. O complexo é sempre ativo, seja no positivo ou no negativo, na presença ou na ausência. Cada cenário gera uma complexidade para a resolução do próprio complexo de idolatria. Podemos dizer então que, tendo passado por esse processo, os homens aprendem a se respeitar e a temer a Deus, e as mulheres aprendem a servir a Deus e a se sentir seguras Nele; alcançam a maturidade do adulto real. Importante notar que a maior parte da população mundial não é de adultos do ponto de vista espiritual. Em uma estimativa otimista, podemos dizer que no máximo 20% da população adulta alcança verdadeiramente esse estágio de maturidade.

Nesse terceiro nível, o homem ainda não compreende como a mulher é. Para ele, trata-se de uma incógnita, um mistério, mas ele sabe que existe uma diferença que aprendeu a admirar. A mulher também não entende como o homem é, mas, do mesmo modo, sabe que há uma diferença admirável. De alguma maneira, ambos buscam entregar o que o outro deseja. Nesse estágio de maturidade, ocorre um forte aprofundamento da capacidade cooperativa entre homens e mulheres, e os relacionamentos se tornam muito saudáveis e potencialmente felizes devido à aderência aos princípios de verdade, respeito e diálogo. Nesse estágio temos ótimos candidatos de ambos os lados para casamento e matrimônio. O homem entende o próprio papel de iniciativa, de trabalho, de pulso firme, e é isso que dá resultado. Já a mulher sente o papel dela como pessoa divertida e romântica, levando o homem a não querer ganhar o jogo, custe o que custar, e a aproveitar um pouco mais a jornada e os momentos presentes. O homem busca o que deseja por intermédio do atributo da confiança, ou seja, ele transmite confiança para a mulher, que, por sua vez, exala leveza e diversão.

O quarto nível de maturidade é uma meta realizada, possível de alcançar ao longo da vida. Tanto o homem quanto a mulher já estão em um bom nível de maturidade, mas o sofrimento ainda existe, embora em menor intensidade que nos níveis anteriores, apesar de os sacrifícios serem muito maiores. Aqui, a satisfação é maior, o amor é maior e a compreensão é maior; então, esse é o nível do patriarca e da matriarca.

O que caracteriza a diferença entre um homem e um patriarca e uma mulher e a matriarca? A matriarca entende como os homens são e sente compaixão. Ela aprendeu na prática, e seu aprendizado tornou-se sabedoria. Ela não cria expectativas de que os homens sejam diferentes do que de fato são, e a interação entre ambos é harmoniosa. Já o patriarca, por meio da convivência, da observação e das práticas diárias da verdade, do respeito e do diálogo, entende como são as mulheres e não criam expectativas de que sejam diferentes do que verdadeiramente são.

Nesse estado do patriarcado e matriarcado existe uma confluência quase total, e o nível de maturidade é muito alto. Ocorre o refinamento das energias da segurança na mulher e do respeito no homem, que são o combustível do amadurecimento. A matriarca vê o patriarca como grande solucionador, o provedor de respostas. A energia feminina naturalmente tem impulso social, e o social expande e tende a se tornar complexo. O patriarca, em parceria com uma matriarca, age como solucionador e protege a matriarca no social, lembrando que a energia feminina lidera por elegância nos relacionamentos. O que impede a matriarca de se dissolver em compromissos e de se perder, cuidando e acolhendo todo mundo, é uma decisão que ela deixa nas mãos do patriarca. Se uma mulher amadurece, mas ainda não se torna matriarca, e não tem um patriarca ao lado, a tendência é de que ela se esgote, porque é o patriarca quem estabelece limites para protegê-la. Na interação entre um patriarca e uma matriarca, quando ela começa a se exceder na energia social de se doar e de ser feminina, o patriarca começa a defender o vínculo da esposa com Deus, o dela com ela mesma e o dela com ele. Ele entende o que faz a matriarca ficar bem e, sempre que a vê saindo do eixo, seja invertendo a polaridade, seja cuidando mais dos outros que dela mesma e de Deus, busca trazê-la de volta ao centro por meio do diálogo, em que a faz lembrar-se do compromisso dela para com Deus, com ela mesma e com ele, o marido. Como vimos, o papel do patriarca é ser o guardião e protetor da família, enquanto a matriarca é a gestora líder e nutridora. A matriarca é o centro da família e a camada protetora, como um jardim; o patriarca, por sua vez, é o limite e o muro perante o mundo e a sociedade. O jardim belo só existe com um muro protetor, e o muro só possui significado se protege e defende algo belo.

 O refinamento da energia do respeito no nível do patriarca leva-o a buscar o cuidado maternal. Um dos principais focos na mente dele é a qualidade maternal feminina. O homem vai avaliar se a mulher tem qualidades para ser a mãe dos filhos dele. Ele vai medi-la com a régua do amor que ele teve no nível materno, ou seja, quanto mais a mãe dele o amou na infância, maior será a régua de cuidado maternal que ele terá, avaliando a mãe de maneira imparcial, pois já resolveu o seu complexo de Édipo; ele só considera as partes realmente boas e virtuosas da mãe ou do modelo materno. Do mesmo modo, a mulher se baseará no nível de amor que recebeu do pai ou do modelo paterno para avaliar o cônjuge. Por mais que se relacione com homens menos amorosos que o próprio pai, ela sempre terá em mente o ideal paterno. A lógica é a mesma para homens e mulheres.

    A matriarca entrega cuidado maternal para o patriarca quando ele precisa, e o patriarca entrega respostas e decisão de questionamentos quando ela pede. Existe uma troca muito poderosa entre ambos, o que se reflete em diversas situações, como longevidade, saúde financeira, criação saudável dos filhos, entre tantas outras. A sociedade humana foi construída sobre patriarcas e matriarcas de sucesso, que são incomuns. Segundo o psiquiatra e PhD em medicina Dr. David R. Hawkins, apenas 4% da população mundial chega a esse estado espontaneamente. Menos que uma em vinte pessoas.

    O quinto nível é a conclusão. Podemos dizer que algumas perfeições são alcançadas nesse estágio, por se manifestar nesses seres a qualidade do Eterno. Esse nível de consciência é raríssimo de ser alcançado, mas existe. Quando o patriarca e a matriarca se aprofundam ainda mais no amor incondicional que têm um pelo outro e entendem plenamente como se comporta o sexo oposto, em sua fisicalidade e mentalidade, a dualidade entre masculino e feminino é transcendida, e a consciência começa a não se ver mais como masculino ou feminino, mas sim como consciência, pura e simplesmente, como era antes de encarnar. Só que esse estado de união com Deus, tradicionalmente chamado de *Unio Mystica, Nirvana* ou *Moksha*, foi alcançado por redenção e sacrifício individual, e não é inato nem premissa como antes da encarnação. É nesse estado de transcendência que patriarca e matriarca se unem e transcendem, alcançando um estágio de santidade. Santidade é uma fase em que o patriarca absorve a matriarca, e vice-versa, e o amor que sentem um pelo outro torna-se incondicional. Esse estado não pertence à explicação prática desta obra, então não será mais aprofundado, mas é importante saber que existem estados superiores à matriarca e ao patriarca.

Portanto, em resumo, os cinco níveis de maturidade nos relacionamentos são: *anima* e *animus*; macho e fêmea; homem e mulher; patriarca e matriarca; e santidade, que é a união do masculino com o feminino, a dissipação da separação.

CAPÍTULO 14

O CAMINHO DA MATRIARCA

Podemos ver, então, com o desenvolvimento dos últimos capítulos, que o contexto de relacionamento é infinitamente amplo, entrando profundamente nos reinos da espiritualidade explícita. Com esse contexto agora bem definido, a sutil arte de atrair, apesar de ser uma ferramenta extremamente poderosa, existe dentro de outro contexto já definido, que é a maturidade matriarcal, ou alta maturidade feminina. Isso significa, portanto, que essa é uma jornada e um estilo de vida, e não apenas um conjunto de ferramentas técnicas para se obter um resultado e depois descartá-las. Como a natureza feminina é sensível, a supranatureza, o metafísico ou o caminho de alma a se trilhar pelo feminino é o da razão, ou Logos masculino, que é o que a completa. Isso gera complementaridade, autodomínio, autoconhecimento e um leque de opções maior que qualquer outra jornada, pois o feminino que também está harmonizado com o masculino não é só belo mas também possui a capacidade de emanar o poder do Sagrado. Esse caminho então precisa enfatizar muito o compreender, o entender e o saber. A matriarca, acima de tudo, é sábia, pois compreende caminhos ocultos que outras mulheres não têm ideia de que existam.

A síntese desse contexto então é o caminho da matriarca. Para treinar essa lógica, gosto muito de iniciar explicando o que é matriarca, pois, se não conseguimos nem explicar o destino, a jornada para esse destino será impossível. Para efeito didático, vamos entender primeiro o que uma matriarca não é e não faz. Tenho uma lista de erros que vale a pena anotar para você saber se está agindo adequadamente como matriarca.

- O primeiro erro é agir com masculinidade reativa. A polaridade se inverte quando, inconscientemente, você age no campo do masculino. A matriarca entra nesse campo de maneira consciente, isto é, ela escolhe quando assumir energia masculina e sabe como voltar para sua feminilidade.
- O segundo erro é não se cuidar. A essência feminina é o ato de se cuidar e emanar esse cuidado para tudo e todos ao seu redor, mas só podemos cuidar de outras pessoas e coisas quando cuidamos antes de nós mesmos. Isso significa que a matriarca foca no próprio bem-estar, na alta qualidade de vida, no mínimo estresse possível, sem colocar em risco sua segurança e sobrevivência, o que a levará a poder cuidar de quem desejar ou necessitar da atenção dela. Mulheres que se cuidam para servir o Sagrado e porque sabem que o Sagrado as ama, têm nível de feminilidade muito alto.

- O terceiro erro é estar desconectada de Deus ou não acreditar Nele e tampouco no Sagrado, o que é muito mais grave. Nada é Sagrado para ela. Isso é perigoso, porque ela tenderá ao vulgar. Em terminologia técnica, algo vulgar é algo comum, presente em todos os lugares, um lugar-comum; logo, não é Sagrado – esse, sim, é algo único e especial.
- O quarto erro é não conseguir entender a mente masculina de maneira nenhuma e acreditar que todo homem é igual, em vez de estudar os relacionamentos e buscar compreendê-los nas suas profundezas. Quando a mulher compreende o homem, compreende a si mesma e seu inconsciente. É isso que diferencia uma matriarca das outras mulheres.
- O quinto erro é atrair homens frouxos ou abusivos. Se isso acontecer, é porque sua feminilidade está desequilibrada e em nível muito baixo, e o mesmo vale para os homens em relação às mulheres. Excesso de feminilidade gera carência, ausência de limites, por isso invasores e abusadores têm grande facilidade em manipular, conquistar e até escravizar psiquicamente esse feminino desequilibrado. Abusadores são relativamente comuns na sociedade, conhecidos como narcisistas, sociopatas, psicopatas, entre outras psicopatologias relativamente comuns nas massas. Isso inclui homens e mulheres abusadores.
- O sexto erro é entrar frequentemente em relacionamentos desgastantes, provavelmente porque está tendo de ocupar o polo masculino, no qual sempre se sente sobrecarregada ou desmotivada por ter de assumir a liderança e não se sentir cuidada e protegida. Esse estado de armamento faz com que a mulher tenda a não voltar ao seu feminino para se recarregar, o que gera o grande desgaste e envelhecimento precoce da mulher.

- O sétimo erro é competir com os homens em vez de aceitar a ajuda masculina. Esse é um dos principais ensinamentos na SAA: mude a mentalidade e passe a ver os homens como protetores. Todos possuem esse potencial. Se estiver no polo feminino e pedir ajuda aos homens, com delicadeza e elegância, vai se surpreender ao perceber como eles estão disponíveis para mulheres femininas, em sua grande maioria. Se não está obtendo ajuda de ninguém, sobretudo dos homens, é porque está em situação de combate masculina. Você está sendo tratada exatamente da maneira como os homens tratam outros homens, porque está emanando energia psíquica e comportamental masculina. A feminilidade é um privilégio, e os homens desejam servir ao feminino saudável. Se a mulher busca competir com ele, com objetivo de ser líder e tomar a iniciativa no relacionamento, ele não encontrará espaço para ser homem, e ela, por sua vez, não vai se sentir segura nem protegida.

Além de todos esses erros, mulheres que não agem como matriarcas têm mais chances de fracassar e de não conseguir manter um relacionamento duradouro, porque tomam decisões com base no instinto, motivadas normalmente por paixão, química e sedução, não com base em um estado racional e até mesmo superior – um estado de espírito de amor que somente 4% das pessoas em geral alcançam. Em grupos espirituais verdadeiros e de autoconhecimento, esse número passa de 50%. Mesmo pessoas que ainda não alcançaram esse nível superior chegam, ao menos, a níveis bastante altos de maturidade adulta sem grandes neuroses, que já são ótimos potenciais parceiros para o matrimônio.

Apesar de o estado de matriarca ser desejado, existem estados anteriores que já demonstram alto nível de maturidade e são muito satisfatórios, de modo que você consegue manter um bom relacionamento e um bom casamento. Apesar disso, é preciso sempre mirar numa posição mais alta, que é a do matriarcado. Na verdade, há um estado superior ao da matriarca e ao do patriarca, como já explicado anteriormente, que é o estado de santidade, para o qual os sacrifícios serão maiores. No entanto, o caminho do matriarcado e do patriarcado é praticamente mais realista e possível de alcançar. Você pode estar se perguntando: "Por que devo seguir o caminho do matriarcado?". Na realidade, você não é obrigada a nada, mas, se não aguenta mais estar sozinha e deseja compartilhar a vida com alguém, esse é um caminho ancestral de sucesso. Se já tem um parceiro, está num relacionamento e quer que seu namoro e seu noivado progridam para um matrimônio duradouro, esse também é um ótimo caminho. Se você já é casada e quer se tornar a "matrimoniada", que é uma matriarca no matrimônio, como costumo brincar, esse é, igualmente, o caminho.

Com certeza há enorme diferença entre casamento e matrimônio, como ensino em meus cursos. Casamento é todo tipo de união entre pessoas, na maioria das vezes entre um homem e uma mulher, em geral perante a lei, mas isso não é fator determinante, pois a partir do momento em que um casal se juntou, após um tempo, em cada código de leis fica caracterizada a união estável. Perante a lei, basta apenas se juntar com alguém e já teremos um casamento. Isso é algo que não demanda grandes sacrifícios, então seu valor é relativamente mais baixo do que algo que demanda grandes sacrifícios. Muitas pessoas que se casam na igreja e fazem seus votos diante de todos não estão em um matrimônio. Matrimônio significa que você e o parceiro colocam Deus em primeiro lugar na relação. Quando duas pessoas estão juntas, é provável que o ego de cada uma delas entrará em conflito em algum momento. O relacionamento torna-se horizontal e transacional; vão acontecer discussões egoístas, conflitos banais, um não vai ouvir o outro, haverá dificuldade de diálogo, porque a intenção não é a busca pela evolução, mas sim a busca por um estado de conforto maior que o do parceiro. "Eu te dou isso e você me dá isso", "Não sinto mais amor por você", "Não estou feliz nessa relação" são as racionalizações mais usuais em uniões civis e casamentos sem Deus. Ou seja, a pessoa não entra no relacionamento para servir ao outro, e vice-versa, mas para obter do parceiro alguma vantagem. Essa é a diferença. No matrimônio, como dito, há a união de três entes – homem, mulher e Deus –, e o casal coloca Deus em primeiro plano. Fazendo isso, a gente se dedica a ser o melhor possível para Deus, não por causa do cônjuge. Assim, acabamos servindo ao parceiro e nos sacrificando por ele, porque buscamos ser pessoas melhores no caminho da sabedoria e da santidade, que também conflui no caminho da matriarca e do patriarca.

No matrimônio sagrado não há a questão de quem ganha mais ou quem tem mais conforto, e sim de como é que o casal pode se aproximar ainda mais de Deus por intermédio de uma aliança cooperativa matrimonial. E é por esse motivo que somente 4% das pessoas no mundo conseguem alcançar o estado de matriarca ou patriarca, uma vez que é muito raro alguém estar realmente disposto a abrir mão de si e dos próprios interesses para se sacrificar a Deus em primeiro lugar. Matriarcas e patriarcas são raros porque dificilmente as pessoas aceitam pagar o preço, não por ser inacessível, mas porque não querem, por ser desconfortável demais. Porém, quando falamos de sacrifício, ou "sacro ofício", trabalho sagrado, há que se pensar que se obterá em troca algo maior. Por isso, costumo dizer que, quem está disposto a fazer esse sacrifício, está pronto para se juntar ao grupo de elite dos 4% – sim, podemos dizer que essas pessoas formam uma elite espiritual no planeta por estarem dispostas a pagar o preço e fazer esse sacrifício.

A SUTIL ARTE DE ATRAIR

Outra dúvida muito comum nesse processo e nessa jornada é: "Por que nunca ouvi falar dessas técnicas antes?". Já ensinei isso no começo deste livro e também em muitos cursos e participações na mídia, mas vou repetir aqui – vale frisar que toda repetição é intencional. Vou repetir a mesma coisa inúmeras vezes porque, normalmente, leva-se tempo para entender. Costumo voltar a esse conceito porque a maioria das pessoas não o compreende com clareza, seja porque nunca ouviu falar ou porque teve pouco acesso às informações, ou mesmo por não ter compreendido de modo correto quando leu ou ouviu anteriormente.

Há apenas quatro maneiras de aprender o caminho do matriarcado e do patriarcado. A primeira é aprender por intermédio de uma matriarca, que são raras e poucas. Provavelmente, você precisaria ter sido criada por uma matriarca altamente consciente, que conseguiria explicar que o que ela ensina funciona de fato. Existem outros caminhos, mas esses se afastam do propósito que Deus quer para você. O caminho de que falo agora faz de você uma mulher verdadeira. O mesmo vale para os homens. Se já é raro encontrar uma matriarca, é mais raro ainda achar uma que consiga ensinar. Muitas vezes, é uma verdadeira bênção ter sido criada por uma matriarca ou por um patriarca, só que muitos ensinam apenas com base no exemplo, não de forma consciente, sabendo que se trata de um sistema de valores que se diferencia do da maioria dos outros tantos sistemas de valores que o mundo ensina.

A segunda maneira é um patriarca ensinar como os homens pensam. Assim como as matriarcas, os patriarcas também são raros e poucos. Nesse caso, ocorre o mesmo dilema de ser ensinado por intermédio de exemplos, não de modo necessariamente racional, de maneira que o patriarca consiga transmitir um corpo estruturado de conhecimentos, ensinando como as coisas têm de ser. No entanto, como já dito, é uma grande bênção ter sido criado por um patriarca, ou melhor, por um casal de patriarca e matriarca.

A terceira é você aprender parcialmente na prática, por meio de tentativa e erro, caso seja muito observadora, analítica, reflexiva e, sobretudo, humilde. Você já caiu tantas vezes de cara no chão e sofreu tanto que hoje pode ter receio de que nenhum relacionamento dará certo, mas tem fé de que Deus lhe mostrará. Essa humildade abre um processo revelatório e redentório, em que Deus mostra os padrões de sucesso conjugais.

A quarta maneira é estudar os relacionamentos cientificamente. Isso não significa que seja por meio das ciências modernas, mas sim por meio de um corpo lógico de conhecimentos, como o teológico e o filosófico, que têm milhares de anos. Independentemente de um ou de outro, estamos falando de lógica. Filosofia e teologia são disciplinas que envolvem lógica, assim como a psicanálise, que advém da psicologia, que também é lógica (da psique).

Esses ensinamentos então são raros e de difícil acesso nas quatro vias. Minha própria história, ao lado da minha esposa, é prova de que a busca por esse caminho é possível. Tudo foi possível por meio de muitas tentativas e erros, bem como da sabedoria que adquirimos parcialmente de nossos pais, com a busca prática da interação. Nunca desistimos um do outro e sempre buscamos trabalhar a verdade, o respeito e o diálogo. Em vinte e quatro anos de relacionamento, contando namoro, noivado e matrimônio, nunca verdadeiramente nos desrespeitamos e nos ofendemos. É claro que houve brigas e momentos de raiva e frustração, mas nunca buscamos ofender o outro lado intencionalmente. Isso mantém o elo de respeito e a oportunidade de resolução do conflito por meio do diálogo.

Outro elemento foi minha incessante busca por conhecimentos filosóficos, teológicos, psicanalíticos e neurocientíficos, a fim de tentar reunir tudo de maneira lógica. Particularmente, ainda não conheço outras fontes que tenham clareza lógica, que tenham noção desse corpo de conhecimentos de maneira coerentemente estruturada e didática, que leva a resultados na área específica de relacionamentos.

Existe, portanto, um método para o alcance desses estados elevados de maturidade que são compostos de uma lógica de quebra-cabeça e não de uma estrada, um trilhar e um destino. Cada conhecimento é uma peça do quebra-cabeça lógico que é a porta de entrada para uma sabedoria profunda, a qual tem o potencial de amplificar a nossa visão e trazer grande felicidade em Deus.

CAPÍTULO 15

O QUEBRA-CABEÇA

AS TRÊS PRIORIDADES

Já vi centenas de mulheres iniciarem a jornada no nível de maturidade em que estavam e dominarem cada uma das etapas mencionadas anteriormente, as quais têm linearidade, de certo modo, subjetiva; no entanto, a importância desses conceitos tem encadeamento prioritário. Há conceitos mais importantes que outros, e você precisa desenvolver, primeiro, a compreensão de alguns deles, para depois desenvolver os restantes. Se subverter essa hierarquia de prioridades, tenderá a procrastinar a jornada, que ficará mais difícil, porque você pulou etapas (começar um quebra-cabeça pelas bordas é mais fácil que começar pelo centro).

O principal pilar no caminho da matriarca é estabelecer as prioridades da maneira correta. Elas retratam um estilo de vida. O fato de viver priorizando a fé em Deus e reconhecendo que Deus ama você significa que o amor Dele por você, como criatura, é incondicional e imerecido. Você não fez nada para merecer esse amor, mas, mesmo assim, o recebe; por mais que tropecemos na jornada da vida, Deus continua nos amando. Deus condena o pecado, o erro de alvo, mas permanece amando o pecador, sempre nos estendendo a mão para que deixemos de pecar e nos voltemos ao que é Sagrado, em um processo redentório. Muitas vezes não conseguimos sentir o amor por Deus porque cometemos erros e sentimos culpa, e a vergonha passa a estar presente entre nós e Deus. Na realidade, não sinto Deus por causa do sentimento de culpa, de vergonha, de soberba, de tristeza, de medo, de raiva e de luxúria; o fato é que todos esses sentimentos me impedem de sentir o amor Dele. Como seres humanos, oscilamos entre fé, convicção e dúvida; euforia e melancolia. Coloque Deus em primeiro lugar, pare de ter dúvida e tenha fé de que Deus te ama. Deus é a fonte do amor-próprio. Sabe por que muitos conselhos modernos de profissionais da saúde psicológica não funcionam? Porque hoje os conselhos de classe, influenciados pelo modernismo e humanismo, recomendam fortemente que não se fale da espiritualidade de Deus, exceto quando o paciente traz esse assunto à tona e de maneira tímida. Não sigo conselhos de classe e nenhum outro conselho; como filósofo e teólogo, posso me denominar um pensador livre, apenas sob a autoridade de Deus e de sua Verdade. Obviamente que sou passível de erro, e a ideia aqui não é indicar infalibilidade de maneira alguma, mas sim a intenção sincera de servir à Verdade. Ao prestar continência apenas a Deus, cai por terra aquele conselho que muitos profissionais dão de que você precisa se amar. O problema é que, quando a pessoa não está conectada com a fonte do amor, ela não sabe o que é amor. O profissional dirá muitas coisas que, se você não estiver no contexto correto, sem fé em Deus, vai perceber que não são nada mais que satisfações hedonistas, por mais que, a princípio, pareçam rituais de autocuidado, como estabelecer limites, se cuidar mais, sair com as amigas, fazer compras, curtir a balada, não se reprimir e ser mais livre, entre muitos outros aconselhamentos modernos. E você terá uma oscilação entre prazer e rebote – o que não é amor. Isso já foi explicado há dois mil e quinhentos anos na filosofia estoica, só que hoje, na sociedade moderna, tudo que é antigo é visto como obsoleto, porque os intelectuais modernos acham que são a "última bolacha do pacote", mais inteligentes que todas as gerações que viveram no planeta antes deles. Essa é a maior ignorância, pois, por pura vaidade, eles não conseguem beber de fontes ancestrais de sabedoria. Muitos problemas humanos já foram resolvidos milhares de anos atrás; basta consultar as fontes corretas que a resposta estará lá. Sinto profunda indignação ao ver que muitas pessoas pagam consultas para gente que se diz profissional e especialista, mas o sofrimento do paciente só aumenta a longo prazo; isso é o que me motiva a me levantar todos os dias e a tomar atitudes como escrever este livro. Tem gente que cria uma demanda de sofrimentos absurdos e ainda ganha dinheiro em cima desse sofrimento. Esse é o *modus operandi* da sociedade atual.

Quando você puser em prática os rituais de autocuidado – porque Deus te ama –, conseguirá refletir o amor de Deus para e por você. Só quando está no contexto correto uma pessoa pode sentir amor-próprio. Como vimos, Deus deve ser a prioridade número um; a segunda é você praticar o autocuidado. Tanto para mulheres quanto para homens, o que muda é apenas a didática: mulheres focam no bem-estar; homens, na dor, na ativação da fúria e no desconforto pelas rotinas de autodomínio. É preciso estar bem para cuidar dos outros. Caso contrário, você não conseguirá emanar uma energia verdadeiramente regenerativa.

Conforme dito anteriormente, não é possível se tornar matriarca ou patriarca se as três prioridades não forem dominadas. Esse primeiro pilar é o arroz com feijão.

PRINCÍPIOS RELACIONAIS: VERDADE, RESPEITO E DIÁLOGO
O próximo plano de ação, o que tenho de trazer para a prática em minha vida, é viver de acordo com os três princípios relacionais: a verdade, o respeito e o diálogo. Esses princípios me permitirão blindar as três prioridades, das quais não sairei se mantiver o *modus operandi* de viver a verdade, o respeito e o diálogo. Portanto, todos os meus relacionamentos têm de se basear nesses três princípios, não somente o relacionamento conjugal, mas também o relacionamento familiar, fraternal, profissional, entre conhecidos, colegas, desconhecidos, mestres, discípulos, clientes e, claro, pretendentes e cônjuge. O cônjuge é o ponto principal na vida relacional; não há decisão mais importante na vida do ser humano que escolher o cônjuge. As mulheres despertam um pouco antes para essa decisão em comparação aos homens, mas eles também sentem isso. Para que você possa escolher bem o cônjuge, é preciso ter toda essa estrutura cognitiva da qual estou falando, pois, do contrário, você não terá a preparação adequada para escolher um bom partido. Costumamos considerar alguém um bom partido pelos quesitos errados, como beleza, poder aquisitivo, cultura, inteligência, entre outros. Tudo isso é facilmente pervertido; aquilo que realmente importa – os valores e as virtudes –, a maioria das pessoas não usa como critério de decisão. Esses são os principais pontos do processo de decisão em relação ao pretendente com o qual estou interagindo. É preciso analisar se essa pessoa é virtuosa ou desvirtuada; podemos saber isso se nossos olhos brilharem e tivermos certeza de que a pessoa

é inspiradora e terá muito a nos ensinar. Está vendo por que essa é a decisão mais importante do mundo? Você está escolhendo o sócio de sua vida. É por isso que precisamos nos disciplinar a viver pela verdade, pelo respeito e pelo diálogo.

OS TRÊS PILARES DA MATRIARCA

O próximo conceito estruturante é o domínio dos três pilares descritos a seguir. Sem os dominar, não será possível se tornar matriarca de verdade.

1. Rotina sagrada. No momento em que as mulheres têm contato com o conhecimento, a maioria delas consegue reativar a feminilidade focando em Deus. Esse pilar é relativamente o mais fácil. Rotinas diárias devocionais, por gratidão pela dádiva da vida, são consideradas rotinas sagradas.
2. Rotinas de autocuidado. É um pouco mais difícil entender em que consiste a rotina de autocuidado, mas, com um pouco mais de empenho e esforço, a maioria das mulheres dedicadas consegue compreender e dominá-la com mestria, no contexto e intenção corretos: faça as rotinas de autocuidado porque Deus a ama, não por vaidade ou para ser magnética, ou, ainda, para atrair a atenção masculina, mas sim porque Deus a ama e deu-lhe mais um dia de vida. Ame-se porque Deus te ama sem você fazer nada para merecer. Apenas por isso.
3. Compreender a mente masculina. É esse pilar que diferencia matriarcas das não matriarcas. É muito difícil compreender a mente masculina porque você precisa entender uma energia que funciona de maneira completamente diferente da sua, chegando mesmo a

parecer antinatural e anti-instintiva. Só o estudo aprofundado, a investigação sincera, um coração humilde e a convivência com o masculino revelam essas sabedorias.

Entender a mente masculina é a principal dificuldade do caminho da matriarca. O tempo mínimo para uma mulher superar esse desafio que já vi acontecer na prática foi de quatro meses, porém cada mulher tem o próprio ritmo. Hoje digo que esse exemplo foi uma anomalia, uma exceção, e não acredito que esse tempo seja realista para a grande maioria das alunas sinceras. A intenção correta seria se devotar a estudar a vida toda por Deus. Não deve ter prazo para o estudo terminar. A pressão e a expectativa de tempo não ajudam em nada, e mais atrasam que aceleram. Sei também de mulheres que estudaram por trinta, quarenta anos de fontes diversas e não conseguiram desvendar esse terceiro pilar. No entanto, isso é relativo, pois, como dito anteriormente, quatro meses foi o período mais curto em que vi uma mulher se transformar numa matriarca real. Na verdade, essa aluna minha foi extremamente dedicada e dona de uma convicção absoluta abençoada por Deus. Ela se indignava e não conseguia entender por que os homens tomavam as decisões que tomavam, questionava tudo, mas conseguiu entender, em curto espaço de tempo, por que os homens agem da maneira como agem. Tanto ela internalizou a compreensão que, antes de tirar uma dúvida comigo ao longo da mentoria, já trazia a resposta correta, e eu só respondia a ela dizendo que estava certo, que era exatamente por causa daquilo. Essa é uma maneira extremamente importante, didática e pedagógica para você aprender. Se você tem uma dúvida, pare para pensar e busque se colocar no lugar dos homens; assim fica cada vez mais fácil entender a maneira como eles pensam. Quando você se tornar matriarca, vai conseguir dominar o feminino e o masculino com o mesmo nível de mestria. O mundo se abrirá para você, e então conseguirá detectar quem age de acordo com os princípios do matriarcado. É um estado de poder muito alto, por isso tão difícil de alcançar.

A SAA E O VESTIBULAR DOS QUATRO PILARES

A seguir, conheceremos os próximos conceitos estruturantes. Assim que compreender a importância das rotinas sagradas e de autocuidado (mas não necessariamente entender ainda a mente masculina) no processo de domínio dos três pilares, será preciso dominar a SAA e o vestibular dos quatro pilares.

A SAA é peça de um quebra-cabeça muito importante, porque muitas mulheres, hoje, se desconectaram da própria feminilidade. Para que os relacionamentos aconteçam, é necessário que a mulher esteja no polo feminino e atraia o masculino. Se ela não conseguir, porque está embrutecida e masculinizada, nem sequer surgirão pretendentes. Ao assimilar as técnicas da SAA e estar magnética, precisará aprender o vestibular dos quatro pilares, que é a técnica que ensino para filtrar os pretendentes que a mulher atrair. Com a SAA você atrai a atenção masculina de maneira qualitativa, não vulgar. Os pretendentes não vão objetificá-la, mas admirá-la como mulher, e essa é uma grande mudança para muitas mulheres, sobretudo para aquelas que se masculinizaram durante muito tempo. A energia feminina é extremamente poderosa porque traz resultados sem que a mulher precise se esforçar. Quer coisa mais incrível que isso?

O vestibular dos quatro pilares é um processo de triagem racional. Para dominá-lo, você terá de dominar seus instintos, principalmente quando atrair o pretendente dos sonhos. Quando atrair aquele galã mental, que você sempre imaginou como marido, e abandonar as técnicas da SAA, pensando que agora deverá seguir o que lhe vier à cabeça, o que acha que vai acontecer? Você será usada, e o cara se afastará ou perderá o interesse em você; ou, então, você dará afeto demais, sufocará o cara, e ele sumirá. São sempre as mesmas coisas. Já ouvi tantas histórias com as quais não me surpreendo, e elas nunca mudam. A grande maioria das situações não são mais que repetições dos mesmos padrões arquetípicos; desse modo, é preciso dominar o vestibular dos quatro pilares senão você não conseguirá atrair um parceiro de valor. Trata-se de um método racional para encontrar um marido sem que você aja com base nas emoções. Vou ensiná-la a se transformar numa matriarca para conseguir um marido – patriarca ou potencial patriarca, um homem altamente maduro e adulto. No entanto, vale lembrar que é preciso praticar as três prioridades (verdade, respeito e diálogo) e os três pilares do matriarcado.

Por fim, a jornada vai culminar no matrimônio sagrado, e se tornará uma "matrimoniada".

Na SAA, como já abordado ao longo de todo este livro, as mulheres precisam dominar as energias do mistério, da ambiguidade, da conquista, do território, da ilusão do harém e da ilusão da princesa. É necessário ter controle de todos esses instintos, porque as técnicas da SAA envolvem o domínio dos instintos com mestria. É por isso que dá resultado, e muitas técnicas que explico nas aulas são intuitivas.

Agora, vamos ao vestibular dos quatro pilares:

- Primeiro pilar: trata-se dos valores similares, sejam eles de fé, éticos, políticos ou morais; envolve também os papéis do homem e da mulher na relação.
- Segundo pilar: os sonhos devem ser compartilháveis. O sonho que se tem para o futuro é condicionado pelo passado, de modo que é

importante que o homem tenha sido criado de modo semelhante ao seu. Nesse ponto, é muito comum que haja conflito em casais com idades psicológicas ou biológicas muito diferentes. Os dois tenderão a ter sonhos distintos, uma vez que tiveram passados diferentes, assim como as referências – culturais, temporais e sociais. Desse modo, o casal não consegue alinhar esse segundo pilar, que, ainda assim, é possível ser negociado.

- Terceiro pilar: trata-se da rotina sincronizável. Esse é o pilar relativamente mais fácil de alinhar. Refere-se, basicamente, aos pontos de contato na rotina, como dormir e acordar juntos, fazer as refeições, ter lazer, entre outras atividades. No tempo em que permanecem separados, homem e mulher devem realizar essas mesmas atividades. Vale lembrar que o casal é uma união de duas pessoas saudáveis que, de tempos em tempos, precisam fortalecer o lado individual. É essencial que cada um respeite a individualidade do outro.
- Quarto pilar: esse pilar, inegociável, refere-se à atração, que consiste em três elementos:
  - *Consciência de saúde*. É muito importante que os hábitos que envolvem a saúde sejam semelhantes; do contrário, haverá conflito na rotina, no processo decisório (qual refeição preparar, a que restaurante ir etc.), no nível de vitalidade e libido, entre outros casos. Se a consciência de saúde não for parecida, o casal não dará *match*, e provavelmente os dois terão estéticas corporais muito diferentes. Se você cuida da saúde, tende a ter uma estética mais harmônica; se tem vitalidade, vai envelhecer com mais elegância. Já quem não cuida da saúde vai envelhecer de maneira mais acelerada. Um casal que apresenta desarmonia nesse sentido terá de lidar com um ponto de conflito claríssimo, que fará que um perca a atração pelo outro. Se não tomarem

decisões parecidas, a "sociedade" representada pela união desse casal vai se desfazer.
- *Personalidade*. Esse é o principal ponto no qual muitas pessoas erram. O melhor *match* ocorre entre personalidades opostas e complementares, porque forma um casal equilibrado. Dois introvertidos, que gostam de ficar cada um no seu canto, aproveitando a própria solitude, e se falam o mínimo possível, não geram relacionamento. Uma vez que a cota relacional do introvertido é muito menor que a do extrovertido, então, para ele, não há desconforto nem desafio, o que, por sua vez, não leva ao desenvolvimento de virtudes. Já duas pessoas extrovertidas levam a um relacionamento do tipo montanha-russa. O tempo todo os dois estão fazendo alguma coisa, em um ciclo de atividades sem parar. Esse casal termina "explodindo", porque sempre está envolvido em alguma tarefa ou evento e nunca faz uma pausa. É por essa razão que, num nível macro, o extrovertido traz o introvertido para a interação social, e o introvertido ensina o extrovertido a se acalmar um pouco, porque também existe riqueza na vida interior, no silêncio. É importante compreender que muito do mesmo, no sentido de personalidade, acaba com o relacionamento. Dois polos de personalidade que se opõem e se complementam são a chave para a longevidade e a sustentabilidade do casal em longo prazo.
- *Química*. Esse ponto, felizmente ou não, é inegociável. Você vai saber se tem química com uma pessoa logo no primeiro beijo. Por meio dos feromônios neurotransmissores, a natureza mostra que a genética do casal é compatível para gerar descendentes saudáveis; é isso que significa a química e a paixão enlouquecida. Se você beija a pessoa pela primeira vez e não

sente nada, não houve compatibilidade. Entretanto, pautar-se pela química não é a melhor forma de fazer triagem dos pretendentes. É preciso, antes, analisar todos os pilares anteriores, que envolvem elementos não emocionais, para só depois testar a química, que é um filtro mais amplo. Apenas assim você saberá que o pretendente tem alinhamento com você em todos os outros pontos. Há muitas pessoas que acreditam equivocadamente que é o sexo que indica a química. Mas sexo é uma habilidade de educação física que pode ser aprimorada com verdade, respeito e diálogo. Quantas vezes já ouvi casais mais velhos me relatarem que o sexo entre eles só melhorou de qualidade ao longo dos anos, quando no começo era algo neutro ou até mesmo ruim ou mecânico.

No topo da pirâmide vem a reciprocidade afetiva do matrimônio. Ela dependerá, principalmente, da resolução de neuroses da infância, as quais, na psicanálise, são chamadas de "complexo de Édipo" e "complexo de Electra". Hoje, muito se fala sobre reciprocidade de responsabilidade emocional, comprometimento afetivo, ser responsável pelos sentimentos e pelas emoções geradas em outra pessoa; porém a grande questão é saber o que se precisa ter e de que maneira se preparar para conseguir praticar a reciprocidade afetiva. É necessário "matar" psiquicamente a figura dos próprios pais para alguém se tornar adulto. Somente adultos conseguem praticar a reciprocidade afetiva, e muitas pessoas têm idade, mas psicologicamente não são adultas. Ser adulto é ser autônomo e saber arcar com as próprias decisões, buscando apenas a validação de Deus. Acho válido e realista a busca por um homem adulto. No entanto, se você quer um patriarca, vai ter de se tornar matriarca, senão terá muito mais trabalho para encontrar um bom pretendente. Se busca se desenvolver ao longo da jornada com esse futuro marido, então ampliará um pouco o filtro e aceitará um homem maduro e não neurótico, de modo que você também pode ser uma mulher adulta e não neurótica. Qual é a diferença entre uma mulher adulta não neurótica e uma matriarca? A primeira é magnética e feminina, mas não entende o sexo masculino; logo, não desenvolveu o terceiro pilar. De que maneira age um homem adulto e não neurótico? Ele tem honra e fúria, mas não entende a mente feminina. No casamento existe o processo de um entender o outro, como em um processo exploratório. A esposa, por exemplo, que ainda não finalizou a jornada para se tornar matriarca, pode continuar aprendendo com o marido. Essa jornada pode ser concluída no matrimônio? A resposta é sim. Você não precisa concluir a jornada antes para só depois se casar. Quando passa a praticar a rotina sagrada de autocuidado e cultiva as três prioridades com a SAA e o vestibular dos quatro pilares, você já se torna um baita partido! Muitas mulheres se enganam acreditando que são bons partidos, quando, na realidade, não o são. Os homens não costumam nutrir essa ilusão e têm mais consciência das próprias falhas. São poucas as mulheres que assumem a própria imaturidade; mulheres adultas sabem identificar os próprios pontos de melhoria com humildade. Para uma mulher adulta que domina a importância das rotinas sagradas e respeita os princípios relacionais (verdade, respeito e diálogo), a única coisa que falta para ela se tornar matriarca é entender a mente masculina e praticar a reciprocidade afetiva, que são os pontos mais difíceis.

No processo de amadurecimento, assim que começamos a despertar iniciamos em um nível mais imaturo – e a maioria das pessoas, hoje, está nesse nível – ou, então, em polaridade invertida. De cada dez pessoas no planeta, oito estão nos dois primeiros níveis.

Esse processo é exatamente o que se chama complexo de Édipo ou complexo de Electra não resolvido. Édipo se refere à idolatria masculina à figura materna. Já Electra é a mulher que idolatra a figura paterna. Em ambos os casos, as figuras materna e paterna não necessariamente são reais; muitas vezes são figuras imaginadas de um pai ou mãe protetores e cuidadores, e muitas pessoas em idade adulta ainda buscam essas projeções. O homem deseja uma figura protetora nas mulheres com quem se envolve, e mulheres imaturas projetam um pai nos pretendentes. Em ambos os casos, busca-se que o parceiro aja de maneira maternal/paternal, não de acordo com o que uma esposa ou marido faria. Não estou dizendo que isso seja 100% errado, porque haverá muitas situações no casamento em que os cônjuges terão de agir como pai ou mãe do outro. A principal questão é que, num relacionamento maduro, isso ocorrerá somente de maneira eventual, sobretudo quando o cônjuge estiver vulnerável, e não de forma incondicional, como com um filho ou uma filha. O problema ocorre quando a polaridade está invertida, e a condicionante nunca se desfaz. É preciso resolver ambos os complexos por meio da "morte" psíquica das figuras materna e paterna. Trata-se de um processo terapêutico doloroso, mas possível. Ao eliminar as figuras do pai e da mãe, você deve colocar Deus no lugar deles e passar a buscar apenas a aprovação divina. É nesse ponto que alguém se torna verdadeiramente adulto. Vale ressaltar que é preciso que cada um entenda como funciona a mente do outro para, então, completar a jornada.

Como vimos, ser patriarca ou matriarca é a porta de entrada de um relacionamento conjugal verdadeiramente satisfatório. Nesse momento, o relacionamento conjugal flui de maneira extremamente satisfatória. É aquilo que sempre nos disseram: não é perfeição, mas sincronia, uma dança na qual somos verdadeiramente felizes. Porém a pessoa é feliz no desconforto, não porque o marido faz tudo com perfeição ou a esposa faz tudo com perfeição. A pessoa é feliz porque tem compreensão no casamento, porque entende – e é nesse entendimento que vem o significado – que sabe como deve se posicionar em cada situação conjugal/matrimonial. O que faz um relacionamento conjugal/matrimonial funcionar é entender o que está acontecendo; apenas assim os cônjuges saberão como se posicionar. Infelizmente, a maioria das pessoas não o sabe. Basta acontecer algo, e elas reagem. Com essa atitude, desperta-se uma "contrarreação" do outro lado e gera-se um ciclo infinito em que um bate, o outro rebate, e o relacionamento se desfaz. Se quer se relacionar com pessoas maduras, precisa aprimorar o próprio nível de maturidade em que está. Só assim vai mudar o nível de qualidade nas relações; do contrário, não importa quem seja o pretendente, o relacionamento será igual, e os sofrimentos permanecerão.

AS QUATRO CARACTERÍSTICAS MATRIARCAIS E PATRIARCAIS

Isso posto, é preciso visualizar o modelo a ser alcançado. Esse é um conceito estruturante essencial em nossa metodologia. O modelo de matriarca e patriarca ideal a ser alcançado é nosso objetivo final.

É importante entender que o vetor de amadurecimento masculino e feminino são opostos. O homem maduro caminha do material para o espiritual, e é para essa direção que o vetor direcional de amadurecimento masculino segue. Já o vetor direcional do amadurecimento feminino vai do espiritual ao material. Estamos falando aqui de energia psíquica. Conforme desenvolve as características matriarcais, você consegue ver e valorizar as características patriarcais correspondentes. Nesse momento, explico de maneira técnica, porque não é possível ver um patriarca, por exemplo, enquanto a mulher ainda não é matriarca. Isso significa que, conforme desenvolve as características matriarcais e as domina, você consegue visualizar padrões masculinos patriarcais, de modo que seu sistema começa a enxergar valores em homens que têm esse valor ativo e operante.

A primeira característica complementar é ser graciosa na própria feminilidade. Como vimos, o processo da feminilidade é a cristalização da sensibilidade. A jornada de amadurecimento feminino ocorre nesse processo. Na análise junguiana, o nome técnico para isso é *eros*; então, a cristalização do *eros* da sensibilidade caracteriza a densificação da sensibilidade.

A jornada de amadurecimento masculina consiste na sublimação, na elevação da fúria, do *logos*, que é o fogo interno e visceral masculino.

A etapa número um do caminho da matriarca é revigorar a sensibilidade espiritual, que é a graciosidade. Para os homens, é preciso despertar a fúria física, que são a força e a disciplina. Uma mulher graciosa terá compatibilidade com um homem forte e disciplinado.

A próxima característica – a densificação da sensibilidade, uma sensibilidade intelectual, e a fúria em nível mais elevado, uma fúria emocional afetiva – consiste em transformar a graciosidade em elegância por meio da sensibilidade intelectual. Elegância é a capacidade de promover harmonia em situações de desentendimento, levar pessoas diferentes a interagir num mesmo ambiente, sem que conflitos aconteçam, e aliviar situações, assim como a fúria emocional é ambição. Uma mulher graciosa e elegante terá compatibilidade com um homem forte, disciplinado e ambicioso. Homens e mulheres, observem quão atraentes são as características opostas! A impressão que você tem de que um homem forte, disciplinado e ambicioso é atraente é a mesma que os homens têm perante mulheres graciosas e elegantes.

A terceira característica é a densificação da sensibilidade afetiva e a elevação da fúria para o nível intelectual. Nós nos encontramos em quatro paradigmas: espiritual, intelectual, afetivo-emocional e físico. A mulher, sobretudo a esposa, se densifica do espiritual para o material (passa pelo espiritual, pelo intelectual, pelo afetivo e, por fim, pelo material). O homem amadurece de modo diferente; como vimos, ele vai do material para o afetivo, depois para o intelectual e, por último, para o espiritual. Isso significa que os processos de amadurecimento do homem e da mulher são opostos; então, não dará certo uma mulher tentar impor ao marido o processo de amadurecimento pelo qual ela passou. Esse tipo de conflito é muito comum, pois os meios para isso acontecer diferem entre homens e mulheres. Para que um homem possa ser mais bem-sucedido na jornada de amadurecimento, muitas vezes é mais eficiente se levantar mais cedo, praticar uma atividade física e ter mais de um trabalho, em vez de fazer um retiro espiritual. No entanto, um retiro costuma ajudar muito as mulheres, porque elas se conectam com a natureza, com o silêncio e com Deus, aprendendo a enxergar a beleza de tudo que as envolve. Para que um homem consiga absorver esses benefícios sem subverter o próprio vetor de amadurecimento, o contexto costuma ser muito específico, sendo necessário que já seja patriarca. Isso significa que ferramentas específicas são funcionais em contextos específicos, sobretudo quando se trata da jornada de amadurecimento para ambos os sexos. A análise junguiana sabe disso há oitenta anos; a filosofia e a teologia, há milhares de anos. Como vimos, a sensibilidade afetiva densifica-se em delicadeza.

A próxima característica matriarcal é a delicadeza, e a próxima característica da fúria, a fúria intelectual, é a liderança. Pergunto às mulheres se elas acham atraente um homem forte e disciplinado, ambicioso e líder. Esse fervor sentido por homens com essas características é o mesmo que os homens sentem por uma mulher graciosa, elegante e delicada. Trago essa mutualidade para que seja possível entender que o sentimento é igual para homens e mulheres; o que muda é o alvo da atração. Homens masculinos não vão se sentir atraídos por mulheres que têm as mesmas características que ele. O que falta para esse homem ambicioso, forte, disciplinado e líder é graciosidade, elegância e delicadeza – o que o atrai é o que lhe falta, não o que ele já tem. O mesmo vale para as mulheres: se a polaridade dela não estiver invertida, sentirão grande atração por homens fortes, poderosos e masculinos.

Por fim, temos a sensibilidade material, que somente as matriarcas têm, e a fúria espiritual, que é uma característica exclusiva de patriarcas. A sensibilidade material é a capacidade matriarcal de gerar o belo, como quando a mulher aprimora um recurso material e o transforma em algo superior, metafísico. Por exemplo, o alimento é transformado em banquete e vida para os filhos; meia dúzia de elementos viram itens de decoração e transformam a casa em lar. Já a fúria espiritual é a honra, é um homem que vive pela e para a verdade. Jamais mente ou omite; mesmo se errar inconscientemente, ele se corrige no momento em que reconhece a falha e volta ao estado de verdade em arrependimento e autocorreção para Deus, porque a honra é para Deus, não para a esposa.

A mulher graciosa, elegante, delicada e que sabe gerar beleza vai conseguir discernir o homem forte, disciplinado, ambicioso, líder e honrado. Da mesma maneira, homens masculinos vão se sentir muito atraídos por matriarcas com todas as características citadas.

Essas quatro características são cruciais num processo de modelagem. Modelar e mimetizar são o objetivo final para que possamos desenvolver essas quatro caraterísticas, tanto para mulheres quanto para homens. Ao modelar criamos o plano mental; na mimetização, transforma-se o plano mental na realidade do ser, ou seja, primeiro entendo algo e depois me torno aquilo.

    Portanto, é preciso compreender também quais são os obstáculos e as armadilhas ao longo desse caminho de desenvolvimento. Não se pode empreender uma jornada sem que se entenda que existem riscos e buracos nos quais se pode cair. As maiores dificuldades acontecem pela corrupção dos princípios relacionais. A principal delas é ignorância, isto é, a falta de sabedoria e discernimento. Não consigo discernir o nível de maturidade dos homens, por exemplo, porque não conheço meu nível de maturidade, não olho para dentro de mim e não me conheço. Então, como vou conhecer os homens? Desse modo, para que se possam encontrar homens maduros é preciso autoconhecimento. Esse é um pré-requisito para que uma mulher consiga se relacionar com homens maduros. Também não se pode sucumbir aos vícios relacionais da mentira, da violência e da ganância, que são a quebra da verdade, do respeito e do diálogo. Ao mentir, quebra-se a verdade; a violência rompe o respeito, e a ganância impede o diálogo. Em um monólogo, aquele que fala está sempre certo, e esse é um tipo de gana. A falta de reciprocidade afetiva, em que um só dá e o outro só recebe, não oferece a mutualidade, sem a qual não há meio para uma parceria. Isso normalmente acontece porque os complexos de Édipo e Electra ainda estão ativos. A ignorância é uma característica de crianças. Para uma menina, é saudável ter o modelo paterno, e, para um menino é saudável ter a figura materna. No entanto, esses complexos não são benéficos para uma mulher adulta que deseja se casar ou para um homem adulto de quarenta anos, por exemplo; na verdade, são extremamente disfuncionais, beirando a patologia. É provável que essas pessoas já tenham desenvolvido outras condições psicológicas decorrentes desse complexo neurótico não resolvido. Então, quando não se tem sabedoria e discernimento, sucumbe-se à mentira, à violência e à ganância e não se aprende a diferenciar os tipos de arquétipos. Quando não sabemos distinguir os arquétipos que desejamos, temos diante de nós uma inadequação. Esses tipos são muito estudados na psicanálise porque compõem exatamente os arquétipos. Por exemplo, um homem interagia com uma mulher que ele acreditava ser virgem e santa e descobre que ela é vulgar, ou a mulher que interagia com um cara que ela tinha certeza de ser guerreiro, um cavaleiro branco, mas descobre que era um abusador; essa mulher não conseguiu discernir a diferença entre guerreiro e vampiro. Veremos que esses arquétipos estão presentes nos principais *best-sellers* de pornografia feminina. Muitas mulheres afirmam que não consomem pornografia. No entanto, o erotismo voltado ao público feminino está presente na literatura erótica, que costuma trazer personagens vampiros, lobisomens, monstros, piratas, cirurgiões. Esses são os cinco principais arquétipos de atração fatal para mulheres.

Em outro padrão de maturidade, quando entro na corrupção da ignorância e na dos princípios relacionais, não consigo distinguir se aquele homem que eu acreditava ser o cirurgião bilionário era, na verdade, um pirata e criminoso. O cirurgião é o arquétipo do homem de alto prestígio profissional; na realidade, arquétipos são como símbolos. Quando uma mulher se relaciona com o arquétipo do cirurgião de alto escalão, acaba descobrindo que ele é um pirata ganancioso. O mesmo ocorre com o homem quando corrompe os princípios relacionais: ele acreditava se relacionar com uma dama, mas, na verdade, viu-se preso a uma "fêmea fatal" e interesseira que só queria os bens que ele tinha.

Num próximo nível de disfuncionalidade, vemos a mulher relacionando-se com um homem que ela acreditava ser líder, professor, grande empresário, quando, na verdade, era apenas um tipo "intelectualoide", um ideólogo ou um político demagogo, que só falava, mas não cumpria nada do que dizia; ou o homem que se envolveu com uma "donzela" extremamente admirável, que ele desejava para futura mãe de seus filhos, quando ela, na verdade, era narcisista, do tipo mãe devoradora; esse é outro arquétipo extremamente disfuncional estudado na psicanálise: a mãe devoradora não quer que o filho amadureça, mas que continue bebê para sempre. Essa atitude também é direcionada ao marido, que, do mesmo modo, é tratado por ela de maneira infantilizada.

Há corrupções ainda maiores, quando uma mulher acha que está se envolvendo com um patriarca que ela acreditava ser o herói, o samurai, o templário, o sacerdote, o mestre espiritual, quando, na realidade, o homem mostrou-se megalomaníaco, narcisista, psicopata, sociopata; esse tipo é o megapredador. O predador finge ser patriarca ou um grande herói; esse, por sua vez, é o psicopata. O patriarca verdadeiro é humilde; não busca a glória, que só cabe a Deus. O mesmo vale para as mulheres. Muitas fingem ser Sofia, a mulher sábia de Provérbios 31, quando, na verdade, vivem amaldiçoando, são amargas, atraem todo mundo para a lama e nada têm de sábias ou conselheiras. Não são edificantes; ao contrário, são destruidoras do lar. Esse é o arquétipo da bruxa.

Como vimos, essas armadilhas ocorrem pelos seguintes motivos: ignorância, falta de sabedoria e discernimento, corrupção da verdade, ganância e falta de reciprocidade afetiva, tudo porque os complexos de Édipo e Electra não foram resolvidos. Veja os sofrimentos em que podemos entrar se esses complexos não forem tratados!

Todavia, com base em todo o exposto, existe um caminho para resolver essa situação. Não cairemos nesse buraco se praticarmos o caminho da matriarca ou do patriarca, que envolve, basicamente, os conceitos estruturantes do método:

- As três prioridades.
- Os três princípios relacionais.
- A sutil arte de atrair ou SAA.
- O vestibular dos quatro pilares.
- A reciprocidade afetiva.
- O entendimento do *animus* e da *anima*, que é o entendimento do *eros* e do *logos* – a sensibilidade e a fúria;
- O desenvolvimento progressivo das quatro características matriarcais e patriarcais.
- As armadilhas e as corrupções que podem acontecer ao longo da jornada.
- A compreensão de como tudo isso funciona no contexto matriarcal e patriarcal e de como outros relacionamentos também acontecem. Para que um matrimônio seja bem-sucedido, é preciso que, da mesma forma, as relações profissionais, com os amigos e a família também o sejam, porque tudo está interligado. Esse método contempla o equilíbrio e o amadurecimento da rede como um todo. Esse é o caminho do matriarcado que contém a sutil arte de atrair como uma de suas ferramentas principais.

Espero que tudo isso faça sentido para você.
Que Deus te abençoe hoje e sempre.

GLORIA IN EXCELSIS DEO.